A LEI DE ABUSO DE AUTORIDADE E SUA (IN)CONSTITUCIONALIDADE SOB A ÓTICA DO GARANTISMO PENAL DE LUIGI FERRAJOLI

Bruno Romero

A LEI DE ABUSO DE AUTORIDADE E SUA (IN)CONSTITUCIONALIDADE SOB A ÓTICA DO GARANTISMO PENAL DE LUIGI FERRAJOLI

1ª Edição
Goiânia

ANGELIA
EDITORA
2024

Dados Internacionais de Catalogação na Publicação (CIP)
(Câmara Brasileira do Livro, SP, Brasil)

Romero, Bruno
A lei de abuso de autoridade e sua (in)constitucionalidade sob ótica do garantismo penal de Luigi Ferrajoli / Bruno Romero. -- 1. ed. -- Goiânia, GO : Angelia Editora, 2024.

95 p.

Bibliografia.
ISBN 978-65-83134-28-8

1. Abuso de autoridade 2. Direito penal 3. Ferrajoli, Luigi - Crítica e interpretação 4. Garantia (Direito) 5. Inconstitucionalidade das leis I. Título.

24-234677 CDD-343

Índices para catálogo sistemático:

1. Abuso de autoridade : Direito penal 343

Aline Graziele Benitez - Bibliotecária - CRB-1/3129

SUMÁRIO

1 INTRODUÇÃO

O debate acerca da legalidade da nova Lei de Abuso de Autoridade tem se mostrado não apenas relevante, mas crucial para o entendimento das transformações recentes no ordenamento jurídico brasileiro. Trata-se de uma questão que vai além da mera análise técnica do texto legal, tocando em aspectos profundos da relação entre Estado, poder e direitos fundamentais.

A promulgação dessa legislação levantou uma série de questionamentos sobre sua constitucionalidade, especialmente quando posta à prova frente a princípios constitucionais basilares do direito penal, como os princípios da taxatividade e da reserva legal, ambos fundamentais para a proteção dos indivíduos contra arbitrariedades estatais.

O princípio da taxatividade exige que as normas penais sejam claras, precisas e determinadas, de modo que os cidadãos possam compreender exatamente quais condutas são permitidas ou proibidas, evitando assim interpretações subjetivas ou arbitrárias. Já o princípio da reserva legal estabelece que somente a lei, no sentido estrito, pode definir crimes e cominar penas, assegurando que o poder punitivo estatal seja exercido dentro de limites rigorosamente estabelecidos.

A violação de qualquer um desses princípios poderia resultar na inconstitucionalidade de uma legislação penal, e a nova Lei de Abuso de Autoridade tem sido alvo de críticas justamente por aparentar violar tais princípios, devido à sua redação imprecisa e ambígua.

Outro ponto de destaque neste debate é o contexto de surgimento da nova legislação. A Lei de Abuso de Autoridade foi criada em um momento de alta tensão política no Brasil, com diversas operações policiais e investigações em curso, que resultaram na condenação de figuras públicas de destaque.

Tal contexto levanta a suspeita de que a criação da lei poderia ter sido motivada não apenas por um desejo legítimo de regular o abuso de poder, mas também por interesses políticos. O receio é que a lei tenha sido usada como uma forma de enfraquecer o trabalho de investigações e ações judiciais em curso, o que, se comprovado, comprometeria ainda mais sua legitimidade. Esses aspectos tornam o debate sobre a inconstitucionalidade da lei ainda mais complexo e multifacetado.

Diante dessa conjuntura, a análise crítica da nova Lei de Abuso de Autoridade torna-se essencial, especialmente para a comunidade jurídica e acadêmica, que tem a responsabilidade de promover uma discussão profunda sobre sua legalidade e legitimidade.

O presente trabalho tem como objetivo contribuir para esse debate, adotando uma abordagem metodológica intuitiva, baseada em uma revisão bibliográfica abrangente e nas posições de renomados doutrinadores da área do direito penal e constitucional. A pesquisa buscará construir um raciocínio estruturado acerca da elaboração da nova lei, sua fundamentação jurídica e as implicações de seu conteúdo normativo.

No primeiro capítulo, será feito um apanhado histórico e político do desenvolvimento do direito penal no Brasil, desde a criação do primeiro Código Penal, em 1830, até a promulgação da nova Lei de Abuso de Autoridade. Serão analisadas as mudanças ocorridas no cenário político e social ao longo dos anos e como essas transformações influenciaram a elaboração de leis penais.

A contextualização histórica é essencial para entender a evolução das normas que regulam o abuso de poder e de autoridade no país, bem como as circunstâncias específicas que levaram à criação da nova lei.

O segundo capítulo abordará os poderes administrativos e a questão do abuso de poder, um tema central no entendimento do conceito de abuso de autoridade. Aqui, será feita uma diferenciação clara entre abuso de poder e abuso de autoridade, conceitos que, embora relacionados, possuem distinções importantes no âmbito jurídico.

Será discutido como o abuso de poder se manifesta dentro da administração pública e quais são as suas consequências jurídicas, em comparação com o abuso de autoridade, que é caracterizado pelo uso indevido do poder conferido a agentes públicos em detrimento dos direitos dos cidadãos.

No terceiro capítulo, a análise focará nos crimes de abuso de autoridade em sua relação com as atividades policiais. Será feita uma distinção detalhada entre polícia administrativa e polícia judiciária, uma vez que a nova lei afeta diretamente o trabalho das forças policiais.

O capítulo examinará como a legislação impacta a atuação desses agentes e até que ponto as medidas previstas na lei podem prejudicar o trabalho policial ou, por outro lado, garantir uma atuação mais transparente e justa. Esse debate é fundamental, especialmente no contexto brasileiro, onde as forças de segurança são frequentemente acusadas de cometer excessos.

No quarto capítulo, será explorado o conceito de dolo no âmbito do direito penal, com ênfase nas mudanças trazidas pela nova lei em relação ao dolo próprio. A distinção entre as diferentes espécies de dolo previstas no ordenamento jurídico será analisada detalhadamente, permitindo uma compreensão mais clara de como a nova legislação trata o elemento subjetivo nos crimes de abuso de autoridade. A importância dessa análise reside no fato de que o dolo, ou a intenção do agente, é um dos elementos centrais na definição da responsabilidade penal.

No quinto capítulo, a interpretação da lei penal será o foco principal. Aqui, será discutido como a legislação brasileira estabelece diretrizes para a interpretação das normas, com ênfase nas modalidades de costumes, analogia e princípios gerais do direito.

Será feita uma reflexão sobre a importância desses métodos interpretativos na aplicação da nova lei, além de uma análise dos princípios que devem nortear a construção legislativa, como o da taxatividade e o da legalidade, garantindo que as normas penais sejam aplicadas de forma justa e previsível.

No sexto capítulo, será realizado um estudo aprofundado dos axiomas de Luigi Ferrajoli, teórico fundamental do garantismo penal. Serão apresentados os principais pontos de sua obra e discutida a aplicação de seus axiomas no contexto da nova Lei de Abuso de Autoridade.

A análise será feita com o objetivo de demonstrar como os princípios garantistas de Ferrajoli podem ser aplicados à legislação brasileira para garantir uma maior proteção dos direitos fundamentais e limitar o poder punitivo do Estado.

No sétimo capítulo, o foco será demonstrar por que a Lei de Abuso de Autoridade pode ser considerada inconstitucional. Serão analisadas as falhas na redação da lei, que, segundo os críticos, violam os princípios da legalidade e da taxatividade.

A falta de clareza e precisão da lei será discutida em detalhe, demonstrando como essas falhas comprometem a segurança jurídica e colocam em risco a proteção dos direitos fundamentais. A análise se concentrará em demonstrar como essas violações afetam a conformidade da lei com a Constituição Federal.

Ao fim, serão apresentadas as conclusões do trabalho, com base no método intuitivo de raciocínio. As principais descobertas da análise serão resumidas, e recomendações serão feitas para uma possível revisão legislativa, com o objetivo de corrigir as falhas identificadas e garantir uma legislação mais clara, justa e eficaz.

2 CONTEXTO HISTÓRICO E POLÍTICO DO BRASIL

Neste capítulo, traçaremos todo o contexto histórico e social desde o primeiro código penal, a evolução da sociedade à época, os motivos que resultaram em mudanças legislativas, bem como o processo de consolidação do atual código penal.

Explanaremos sobre a promulgação da antiga lei de abuso de autoridade, seu momento político e jurídico o qual o Brasil se encontrava. Encerrando-se na atual lei foco deste trabalho, passando a explanar questões materiais e processuais.

A primeira constituição brasileira foi promulgada no primeiro reinado de Dom Pedro I, no qual a mesma previa o início da divisão de poderes que hoje se conhecem pelo Executivo, Legislativo e o Judiciário. (REZENDE, 2013)

Com o aumento de disputas políticas e sociais, fez-se necessário estabelecer um novo código penal que atendesse as demandas sociais de uma sociedade que recentemente foi proclamada sua independência (REZENDE, 2013)

O primeiro código penal brasileiro, substitui o livro 5 das ordenações Filipinas de 1603, que regulava os crimes em territórios portugueses, na época chamado de "Código Criminal do Imperio do Brazil", inaugurou-se a primeira tipificação penal do crime de abuso de autoridade no território brasileiro, no qual regulou, na seção V, o

"Excesso, ou abuso de autoridade, ou influencia proveniente do emprego" com 15 artigos que serviram de base para as atuais leis penais que regulam a matéria em apreço. (FAUSTO, 2015)

Além do mais, o código traz o conceito abuso de poder que "consiste no uso do poder (conferido por Lei) contra os interesses públicos, ou em prejuízo de particulares, sem que a utilidade pública o exija.". Nota-se a generalidade da antiga norma ao não delimitar o que seria interesse público, já que a pessoa do Imperador ditava, predominantemente, tais interesses, bem como se poderia facilmente confundir os interesses públicos e particulares da pessoa de Dom Pedro I.

Com a proclamação da República pelo então Marechal do exército Deodoro da Fonseca, houve uma profunda reforma legislativa, que culminou na promulgação do segundo código penal brasileiro em 1890 e, um ano depois, da primeira constituição republicana. (GONÇALVES; BALTAZAR JUNIOR, 2019)

Promulgada pelo Decreto n° 847 de 1890, foi instituído o "Código penal Dos Estados Unidos do Brazil". No decorrer do texto penal, verifica-se um desdobramento do conceito de abuso de poder comentado anteriormente, bem como a concretização de indícios de uma necessidade de criar uma legislação penal própria para esses referidos crimes pois, na seção que trata desses crimes seria insuficiente para a montagem de uma plataforma jurídica que abrangeria todas as condutas. Não só, mas verifica-se que atualmente as condutas de maior abrangência, como o próprio abuso de autoridade, o tráfico de drogas e crimes de menores, são tratadas em leis especiais, criadas para abranger quantas possíveis forem as condutas. (FAUSTO, 2015)

Por fim, em 1940, após o início da ditadura do Estado Novo de Getúlio Vargas, em 1937, foi promulgada o atual código penal brasileiro pelo decreto 2.848 de 1940. Várias leis penais existiam paralelamente ao código de 1890 o que gerava, muitas vezes confusão, ressaltando a necessidade de um código penal consolidado, bem como a ineficiência penal dos dispositivos anteriores colocavam em pauta a necessidade de uma reforma penal. (SAMER, 2019)

Em 31 de março de 1964 institui-se o regime militar, no qual começou a mudar as instituições do país através dos atos institucionais, dentre os atos, destaca-se o AI-2 no qual passou a vigorar dia 27 de outubro de 1965, dois meses antes da promulgação da lei 4.898, a antiga lei de abuso de autoridade, o mesmo concentrava o poder na mão do executivo e extinguiu os partidos políticos. (FAUSTO, 2015)

Mesmo com os atos institucional cerceando direitos, alterando os três poderes e reprimindo a sociedade contrárias ao governo, já se notava sementes que germinaram em legislações que garantiriam direitos e evitariam possíveis abusos por qualquer que seja a autoridade, conforme o artigo extraído da constituição da época, de 1946[1]. (FAUSTO, 2015)

Em 1967, a nova constituição da época manteve os preceitos básicos previstos nas constituições anteriores, sendo que dois anos antes foi promulgada a primeira lei de abuso de autoridade do país, o que faz notar o crescente desenvolvimento dos direitos e garantias sociais e individuais. (REZENDE, 2013)

Desde o fechamento político, o regime militar passou por manifestações contrárias ao regime como greves e mobilizações sociais contrárias tanto ao fechamento político e econômico como também contra a opressão militar sofrida pela sociedade, tal preocupação chegou ao parlamento no qual o mesmo promulgou a primeira lei de abuso de autoridade. (GONÇALVES; BALTAZAR JUNIOR, 2019)

Ainda, nas palavras dos autores, essa referida lei tinha como objetivo

> Incriminar os abusos genéricos ou inominados de autoridade, isto é, para abranger os fatos não previstos como crime no CP ou em leis especiais, tendo em conta que vários dos crimes funcionais, como o peculato, a corrupção, a concussão, os crimes de prefeitos ou aqueles previstos na Lei de

---

[1] Art. 141. A Constituição assegura aos brasileiros e aos estrangeiros residentes no país a inviolabilidade dos direitos concernentes à vida, à liberdade, à segurança individual e à propriedade, nos termos seguintes:
§ 1º Todos são iguais perante a lei. (...)

> Licitações podem consubstanciar-se em abuso — mau uso ou uso excessivo — da autoridade do funcionário público.

Os autores esclarecem que a lei era de baixa eficácia

> O período vivenciado fora marcado pela ausência de democracia e cerceamento de direitos, de modo que as garantias constitucionais eram facilmente ignoradas através de censura e desrespeito destinados ao cidadão brasileiro por parte das autoridades.

Com o processo de abertura, que, nas palavras do antigo presidente Geisel, foi uma abertura lenta, gradual e segura, política e econômica o governo levou a uma crescente pressão por parte dos outros países para que o Brasil tomasse parte na proteção dos direitos humanos, no qual o mesmo foi promulgado em 1969, cinco anos da posse do presidente Geisel, que se associa ao início da abertura política. (FAUSTO, 2015)

Importante frisar que não há sequer a menção de abuso de autoridade na convenção americana sobre direitos humanos. Tal expressão foi tratada pela Organização das Nações Unidas (ONU), em 29 de Novembro de 1985, pela resolução n°40/34, conhecida como Declaração dos Princípios Básicos de Justiça Relativos às Vítimas da Criminalidade e de Abuso de

Poder, por como sendo abuso de poder, conforme explícito:

> Consciente de que milhões de pessoas em todo o mundo sofreram prejuízos em consequência de crimes e de outros atos representando abuso de poder e que os direitos destas vítimas não foram devidamente respeitados.
> Consciente de que as vítimas da criminalidade e as vítimas de abuso de poder e, frequentemente, também as respectivas famílias, testemunhas e outras pessoas que acorrem em seu auxílio sofrem injustamente perdas, danos ou prejuízos e que podem, além disso, ser submetidas a provações suplementares quando colaboram na perseguição delinquentes.

Após a consolidação dos direitos humanos no ordenamento jurídico brasileiro, surge-se a ideia de atualizar a antiga lei, por meio da tramitação da Lei 13.869/2019. Fato que dividiu a doutrina se dividiu em dois grupos. Por um lado, há o grupo que defende que a aprovação da lei era necessária para a evolução jurídica da legislação sobre o abuso de autoridade. Por outro lado, há os que acreditam que a lei foi gerada como uma retaliação de investigações em curso contra pessoas de poder. (PINHEIRO, 2019)

No momento da tramitação de inquéritos policiais contra pessoas do alto escalão do funcionalismo público, reviveram um antigo projeto de atualização da lei 4.898

de 9 de dezembro de 1965, a antiga lei de abuso de autoridade.

Com isso, a doutrina se apartou em dois lados, os que defendiam a atualização da lei naquele momento e os que acreditavam que a nova legislação seria apenas uma represália aos eventos em curso.

Ainda, discute-se a legalidade da referida legislação, uma vez que apresenta uma técnica legislativa que vai de frente com os preceitos legais adotados na elaboração do dispositivo, na mesma linha, a forma como a nova lei foi escrita atraiu a atenção da doutrina.

Passemos a analisar as raízes da tramitação da Lei 13.869/2019 para, posteriormente, expor as divergências doutrinárias citadas.

2.1 SOBRE O PROJETO DE LEI

Antes do início do debate legislativo sobre uma mudança na lei de abuso de autoridade ocasionada pelos projetos de lei 280/2016[2] e 85/2017[3], em 2009 foi apresentado à Câmara dos Deputados em novembro de 2009 um texto parecido ao PLS 280/216 pelo então Deputado Raul Jungmann

No contexto da época, a apresentação do projeto de lei em 2009 justificou-se pelo acordo firmado em abril

---

2 De autoria do Senador Renan Calheiros (MDB-AL)

3 De autoria do Senador Randolfe Rodrigues (REDE-AP)

de 2009, o "II PACTO REPUBLICANO DE ESTADO POR UM SISTEMA DE JUSTIÇA MAIS ACESSÍVEL, ÁGIL E EFETIVO" que previa como um dos seus objetivos:

> 1.2 - Revisão da legislação relativa ao abuso de autoridade, a fim de incorporar os atuais preceitos constitucionais de proteção e responsabilização administrativa e penal dos agentes e servidores públicos em eventuais violações aos direitos fundamentais.

A combinação do PL 280/2016 e do 85/2017 resultou no PL 7596/2017, no qual foi aprovado, em regime de urgência pelo Requerimento n° 288 de 2017 com votação simbólica não nominal, que foi transformada na Lei Ordinária 13.869/2019, atual lei de abuso de autoridade.

O referido projeto teve vetado ao total 33 disposições pelo Presidente da república, Jair Bolsonaro, e ao voltar ao Congresso Nacional, 18 deles foram derrubados, efetivando-se a aprovação em 14/08/2019[4], que após 120 dias de vacatio legis, entrou em vigor na data de 03/01/2020.

No contexto em que foi inserida, no qual havia investigações em curso contra pessoas do alto escalão, surgiram discussões sobre a conveniência e oportunidade

---

[4] Ficha de tramitação disponível em: <https://www.camara.leg.br/proposicoesWeb/fichadetramitacao?idProposicao=2136580> 01 de janeiro de 2022.

de reavivar a antiga proposta de alteração legislativa para criar uma outra lei de abuso de autoridade. (PINHEIRO, 2019)

2.2 DISCUSSÕES ACERCA DO CONTEXTO DA CRIAÇÃO DA LEI 13.669/2019

A corrente que defende a ideia de que a referida lei foi sancionada como forma de aliviar as tensões investigativas contra o alto escalão do funcionalismo público critica fortemente a técnica legislativa empregada como também a sua incompatibilidade frente a tratados e convenções internacionais já assinadas, como também a incompatibilidade constitucional além de ser uma lei com a finalidade de impedir as funções estatais. (PINHEIRO, 2019)

Segundo Igor Pinheiro, a lei 13.869/2019 é repleta de comandos vagos e imprecisos que impedem a perfeita compreensão prévia do que foi criminalizado, deixando o magistrado com poderes muito subjetivos e amplos para o julgamento da autoridade pública. Ainda, o mesmo defende que uma nova lei era necessária, porém, conforme suas palavras: "existem dispositivos que, a rigor, não obedecem a diversos princípios constitucionais penais, tais como a anterioridade e a taxatividade." (2019)

Sobre sua inconstitucionalidade, esclarece o autor Igor Pinheiro:

> Existem dispositivos que, a rigor, não obedecem a diversos princípios constitucionais penais, tais como o da anterioridade e o da taxatividade.
> Pelo primeiro, exige-se que a conduta criminalizada seja estabelecida previamente de modo a permitir que todos os cidadãos possam, ao agir, decidir se vão ou não praticar determinado crime. Referido cânone não se contenta com a mera previsão formal de uma conduta criminosa, exigindo que o tipo penal seja redigido claramente, de tal forma que a sua leitura não delegue para outrem (em especial o juiz) se uma conduta vai ou não ser criminosa).
> Essa perspectiva segunda é chamada de princípio de taxatividade penal (decorrência do princípio da legalidade penal – artigo 5º, XXXIX, CF/88), que exige uma descrição pormenorizada da conduta proibida, de modo que a criminalização de condutas genéricas não pode prevalecer.

Além disso, Renee do Ó Souza defende que a criminalização vaga de condutas poderiam dar ensejo a representações criminais oportunistas, que serviriam como repressão à autonomia funcional do estado em suas atividades. (2020)

Ademais, tais condutas imprecisas, afligiram o princípio da taxatividade penal, uma vez que somente é crime aquilo que esteja explicitamente previsto na lei, não se admitindo conceitos primários subjetivos.

Na mesma linha, Rodrigo Régnier Chemim Guimarães (2019), sobre o tipo aberto de persecução penal, previsto no artigo 30 da Lei 13.869/2019, expõe que:

> A expressão "persecução penal", que aparece no tipo penal criado agora, é um conceito mais amplo, englobando tanto a investigação quanto o exercício da ação e o respectivo processo. Aqui se vê uma bagunça técnica do legislador. Ele está exigindo justa causa para que se inicie uma "persecução penal" e não uma "ação penal" que daria início a um "processo". Então, agora seria preciso ter justa causa para iniciar a investigação? É uma imprecisão técnica assustadora, que vai gerar uma série de problemas de interpretação. Talvez o Judiciário, debruçando-se sobre isso, possa, amanhã ou depois, dar um direcionamento interpretativo coerente. Mas nós não podemos fazer vista grossa à ideia de que estará vigente um tipo penal que colocará em xeque a possibilidade de se iniciar uma investigação "sem justa causa", sendo que a investigação serve justamente para que se obtenha a justa causa. Então cria um paradoxo de novo.

Por fim, Caetano Ernesto da Fonseca, um grande crítico da referida lei, defende a ideia da Lei 13.869/2019 ser fruto de retaliações por parte de pessoas importantes no funcionalismo público, nos quais ao se sentirem ameaçados, mudam o sistema em seus interesses próprios. (2020)

Como reiteração de sua posição, o autor defende que "essa lei é de fato desnecessária, porque ostenta pura retaliação política contra o Judiciário e demais instituições, que até aqui atuaram contra a corrupção sistêmica instalada em nosso país."

Por outro lado, há doutrinadores que refutam tais argumentos, como o grande doutrinador Guilherme Nucci (2020), no qual sustenta que a nova legislação não se correlaciona com retaliações ao funcionalismo público, como também se considera uma lei normal em relação à técnica legislativa.

> Pode-se argumentar que a nova Lei de Abuso de Autoridade foi editada em época equivocada, pois pareceu uma resposta vingativa do Parlamento contra a Operação Lava Jato. Mas, na essência técnica, trata-se de uma lei absolutamente normal, sem nenhum vício de inconstitucionalidade. [...] Não há um único delito que significa pena de prisão como primeira hipótese. Na realidade, o crime de abuso de autoridade é grave, mas não está sendo tratado nem como hediondo nem tampouco com severidade no tocante às penas cominadas, admitindo, claramente, penas restritivas de direitos (mesmo quando não couber transação ou sursis processual); [...] De modo benevolente, a lei prevê a recuperação do direito de se tornar, outra vez, autoridade. No âmbito do Código Penal, a perda do cargo, mandato ou função é definitiva. Aliás, quem age abusivamente e é por isso condenado não

> deveria mesmo voltar ao poder. A lei atual é favorável ao agente público.

De igual modo, Gilmar Mendes e Vitor Ferrantes (2020) reconhecem que a legislação de abuso de autoridade não é perfeita e que a mesma será lapidada conforme o seu batimento à luz do texto constitucional, reafirmando, porém, que por abranger todos os agentes públicos até mesmo os de altos escalões, o texto legislado merece destaque.

> Para além, a ampla conquista de uma nova Lei de Abuso de Autoridade transcende o exame da sua tecnicidade. O ganho democrático da legislação está em reinserir na pauta institucional um debate que nunca deveria ter sido relegado a segundo plano.

Por fim, percebemos que a atual legislação ainda é alvo de debates no meio jurídico, o que merece atenção e motivou o presente trabalho, uma vez que o aperfeiçoamento do mundo jurídico se dá com o debate de temas expressivos para a sociedade, que utilizam as pesquisas acadêmicas como fundamentos.

3 DOS PODERES ADMINISTRATIVOS

Numa breve exposição, cabe mencionar que a administração se vale de poderes-deveres concedidos pelo estado para que se possa alcançar e efetivar o interesse público e coletivo, quais sejam: Normativo, Hierárquico, Disciplinar e o de Polícia.

Além disso, em determinados casos ela atuará de forma discricionária, conforme conveniência e oportunidade do administrador, como também de forma vinculada, no qual ela possui o dever expresso em lei, ou em contratos públicos, de agir conforme o legislador previu. (REZENDE, 2013)

O poder normativo ou regulamentar, tange a concretização de atos legais derivados de lei, ou seja, a administração pública só pode emanar atos que sejam compatíveis com o ordenamento jurídico. (MEIRELLES, 2010)

Essa distribuição de funções é dada em prol do poder hierárquico, responsável por, nas palavras de Hely Lopes Meirelles: "distribuir e escalonar as funções de seus órgãos, ordenar e rever a atuação de seus agentes estabelecendo a relação de subordinação entre os servidores de seu quadro de pessoal." (2010)

Como ele dispõe de poder de rever a atuação de seus agentes, caso haja identificado alguma ilegalidade ou violação legal de seus agentes, os mesmos poderão ser punidos pelo uso do poder disciplinar, responsável por sanções a qualquer pessoa ou empresa que possua um vínculo com a administração, seja por contrato ou estatuto. (SAMER, 2019)

Por fim, o poder de polícia se assemelha ao disciplinar, ele também é gerador de sanções, mas no âmbito particular, em que poderá condicionar e restringir o uso e gozo de bens, atividades e direitos individuais, em benefício da coletividade ou do próprio Estado (SAMER, 2019)

Diferente dos demais, o artigo 78 do Código Tributário Nacional define que o poder de polícia é a atividade da administração pública que limita ou disciplina a liberdade do meio privado em razão do interesse público, no que tange a áreas da saúde pública e até mesmo os costumes sociais.

Ou seja, o poder de polícia é a capacidade de regular tanto o mercado econômico quanto às liberdades individuais, para que se garanta, conforme na legislação, "à tranquilidade pública ou ao respeito à propriedade e os direitos individuais ou coletivos".

Além do mais, Mello explica que existem duas espécies do poder de polícia, a administrativa e a judicial, a primeira se encarrega de fiscalizar e sancionar atividades não penais, como a interdição de direitos e a imposição de deveres. Já a última, é a atividade policial em strictu sensu, que cuida de violações à ordem jurídica e social.(2017)

O uso desses poderes devem ser feitos sempre com o intuito de satisfazer o interesse público e social, caso haja uma extrapolação de seu uso, estará configurado o abuso de poder, no qual, caso o agente atue com finalidade diversa do qual o ato foi criado, ele estará praticando o abuso de poder na modalidade desvio de poder/finalidade[5]; já se o mesmo estiver praticando o ato além de suas atribuições legais, será a modalidade excesso de poder.

Completa Hely Lopes Meirelles (2016)

> O abuso de poder tanto pode revestir a forma comissiva como a omissiva, porque ambas são capazes de afrontar a lei e causar lesão ao direito individual do administrado. A inércia da autoridade administrativa, deixando de executar determinada prestação de serviço a que por lei está obrigada, lesa o patrimônio jurídico individual. É forma omissiva de abuso de poder, quer o ato seja doloso ou culposo.

Por fim, o conceito de abuso de poder é importante tê-lo bem definido, uma vez que faz-se necessário sua correta diferenciação entre o abuso de autoridade, explanado abaixo.

---

[5] Disciplina a lei de ação popular, 4.717/1965, o conceito de desvio de poder/finalidade em seu parágrafo único do artigo 2°, inciso "e": "Desvio de finalidade se verifica quando o agente pratica o ato visando a fim diverso daquele previsto, explícita ou implicitamente, na regra de competência"

3.1 DO ABUSO DE PODER

Neste capítulo, será abordado um conceito amplamente discutido no ramo administrativo, o do abuso de poder, tal conceito espelha discussões no sentido do que poderia ser considerado um abuso do poder outorgado pelo estado aos particulares. Ainda, o uso do poder, como já exposto antes, pode ser eivado de vícios de finalidade e de competência, acarretando o então discutido abuso de poder.

Antes da definição do abuso de poder, é importante delimitar o uso de poder. Como definido por Rivero, a administração pública deve satisfazer o interesse geral, não sendo eficaz a mesma agir em igualdade com particulares que poderiam distorcer a manifestação geral em prol social pela emanação pessoal de desejos íntimos. (1998)

O abuso do poder se constitui quando a autoridade se utiliza de sua prerrogativa de poder de forma desmesurada e contra os princípios da ética e da moral. (MEIRELLES, 2004)

Na mesma linha, Álvaro Lazzarini explica que o uso do poder pela Administração pública é o mais polêmicos e intrigante, uma vez que é prerrogativa da autoridade o exercê-lo para a manifestação das vontades estatais, sem, contudo, expor os interesses pessoais e misturar os desejos e aflições particulares. (1996)

Sobre o uso do poder, Hely Lopes Meirelles observa que:

> O uso do poder é prerrogativa da autoridade. Mas o poder há de ser usado normalmente, sem abuso. Usar normalmente do poder é empregá-lo segundo as normas legais, a moral da instituição, a finalidade do ato e as exigências do interesse público. Abusar do poder é empregá-lo fora da lei, sem utilidade pública. O poder é confiado ao administrador público para ser usado em benefício da coletividade administrada, mas usado nos justos limites que o bem-estar social exige. A utilização desproporcional do poder, o emprego arbitrário da força, da violência contra o administrado constituem formas abusivas do uso do poder estatal, não toleradas pelo Direito e qualificadoras dos atos que as encerram. O uso do poder é lícito; o abuso, sempre ilícito. Daí por que todo ato abusivo é nulo, por excesso ou desvio de poder

Dessa forma, infere-se a instituição do uso do poder como forma de expressão estatal, agindo dentro do limite da lei, atendendo as exigências legais e vinculadas, como também sendo importante seu uso para assegurar a sobrevivência do estado e a harmonização da sociedade coletiva.

Diferentemente do uso do poder, há o seu lado oposto, o abuso de poder. O abuso de poder se manifesta no sentido de uma institucionalização contrária ao do uso do poder, fugindo dos limites legais sua atuação e finalidade, sem ter o princípio da efetividade que norteia os atos públicos.

Hely Lopes Meirelles explica que o abuso de poder é manifestado quando a autoridade desvia suas finalidades administrativas como também ultrapassa seus limites legais e éticos impostos na outorga do poder público (2010)

Em suas palavras "O uso do poder é lícito, o abuso sempre ilícito, daí por que todo ato abusivo é nulo, por excesso ou por desvio de poder".

Ainda, defende o autor que o mesmo ocorre por ação e omissão, de forma que ambos podem causar lesões a direitos garantidos, como também afrontar o ordenamento jurídico vigente. Quem deixa de executar determinada atividade poderá incorrer em abuso de poder de forma omissiva e quem atua de forma ilegal, poderá incorrer em abuso de poder na modalidade desvio de poder e excesso de poder. (2010)

O excesso de poder se materializa quando a autoridade ultrapassa o limite permitido de suas proposições administrativas incumbidas da manutenção do interesse estatal e público. O agente que atua desta forma, atua além do que foi legalmente definido por lei, fazendo uma manifestação de vontade estatal em desconformidade com o que foi proposto pelo legislador ou pela administração. (ALEXANDRINO, 2007)

Em suma, ao agir além do permitido pela administração, o agente burla os limites de suas atribuições, incorrendo em abuso de poder na modalidade excesso de poder e tal ato, torna-o nulo de pleno direito, uma vez que o mesmo não era legítimo para tal. (MEIRELLES, 2010)

Sobre o desvio do poder, diferentemente do excesso de poder, o autor defende que o elemento da ação do agente tem um direcionamento equivocado, com diferente finalidade ao que foi proposto inicialmente. (ALEXANDRINO, 2007)

Alexandrino, na mesma linha de Meirelles, expõe que não há discricionariedade no agente quando o assunto é a finalidade do ato, devendo-o ser concluído com as intenções iniciais criadas. (2007)

Ainda, a não satisfação da finalidade do ato acarretará a sua nulidade e a violação de princípios constitucionais, tais como o da impessoalidade, uma vez que ao manifestar sua vontade particular, o agente estará invocando convicções pessoais para propagar o interesse particular em um ato que deveria conter o interesse público. (ALEXANDRINO, 2007)

Por fim, Meirelles define o abuso de poder nas seguintes palavras:

> Ora se apresenta ostensivo como a truculência, às vezes dissimulado como o estelionato, e não raro encoberto na aparência ilusória dos atos legais. Em qualquer desses aspectos -flagrante ou disfarçado - o abuso do poder é sempre uma ilegalidade invalidade do ato que a contém

Após a devida análise do abuso de poder, cabe analisar o principal instituto responsável por grande parte dos casos de abuso de autoridade, o poder de polícia. Após tal explanação, cabe diferenciar o poder de polícia administrativa e o poder de polícia judiciária.

3.2 DO PODER DE POLÍCIA

O Estado é o garantidor da segurança, da ordem e, entre outras, da saúde pública. Nesse motim, faz-se necessário estabelecer critérios para que as pessoas convivam entre sociedades e entre elas mesmas.

Celso Antônio Bandeira de Mello, faz uma breve retrospectiva da expressão "poder de polícia", conforme suas palavras: (2012)

> A expressão "poder de polícia" traz consigo a evocação de uma época pretérita, a do "Estado de Polícia", que precedeu ao Estado de Direito. Traz consigo a suposição de prerrogativas dantes existentes em prol do "príncipe" e que se faz comunicar inadvertidamente ao Poder Executivo. Em suma: raciocina-se como se existisse uma "natural" titularidade de poderes em prol da Administração e como se dela emanasse intrinsecamente, fruto de um abstrato "poder de polícia"

Antes de passarmos ao exame das definições doutrinárias, cabe expor a definição dada pelo Código Tributário Nacional que se considera como poder de polícia

> Art. 78. (...)Considera-se poder de polícia atividade da administração pública que, limitando ou disciplinando direito, interêsse ou liberdade, regula a prática de ato ou abstenção de fato, em razão de interesse público concernente à segurança, à higiene, à ordem, aos costumes, à disciplina da produção e do mercado, ao exercício de atividades econômicas dependentes de concessão ou autorização do Poder Público, à tranqüilidade pública ou ao respeito à propriedade e aos direitos individuais ou coletivos.
>
> Parágrafo único. Considera-se regular o exercício do poder de polícia quando desempenhado pelo órgão competente nos limites da lei aplicável, com observância do processo legal e, tratando-se de atividade que a lei tenha como discricionária, sem abuso ou desvio de poder. (BRASIL, 1966)

Dessa forma, o poder de polícia, conforme Maria Sylvia Zanella Di Pietro, fazendo referência a Celso Antônio Bandeira de Mello, o poder de polícia abrange dois conceitos: poder de polícia em sentido amplo e em sentido estrito, que será abordado nos parágrafos seguintes. (PIETRO, 2020)

No sentido amplo, Celso Antônio Bandeira de Mello defende que o poder de polícia corresponde à atividade estatal que condiciona a liberdade e a propriedade conforme os interesses sociais. Ainda, aduz que engloba os atos do poder legislativo quando edita leis em abstrato, como também do executivo quando o mesmo expede regulamentos, não tangendo ao poder Judiciário, limitando-se ao Legislativo e Executivo. (MELLO, 2020)

Já, por outro lado, o sentido estrito abrange apenas os atos do poder executivo, como os regulamentos, relacionando-se unicamente com as intervenções gerais e/ou abstratas, como os regulamentos específicos, do tipo autorizações ou licenças. (PIETRO, 2020)

O poder de polícia é expressado através da atividade de polícia administrativa, que é resultado da qualidade executora de suas leis, repousando no poder de "supremacia geral" que ampara a administração pública, sendo "indistintamente sobre todos os cidadãos que estejam sujeitos ao império dessas leis.". (MELLO, 2012)

Ainda, Alexandre Mazza (2018) define o referido tema como:

> O poder de polícia, pelo contrário, representa uma atividade estatal restritiva dos interesses privados, limitando a liberdade e a propriedade individual em favor do interesse público. Importante destacar que o poder de polícia constitui instituto polivalente no Direito Administrativo, pois a doutrina o estuda tanto no capítulo dos Poderes da Administração

> quanto entre os instrumentos de intervenção do Estado na propriedade privada

Por fim, cabe a inovação da definição de Hely Lopes que poder de polícia é a faculdade de que dispõe a Administração Pública para condicionar e restringir o uso e gozo de bens, atividades e direitos individuais, em benefício da coletividade ou do próprio Estado

Em relação ao poder de polícia, cabe analisar os principais atributos ou características do poder de polícia, quais sejam: o da Discricionariedade, autoexecutoriedade e o da coercibilidade. (MAZZA, 2018)

O atributo da discricionariedade prevê a liberdade da administração estabelecer, conforme conveniência e oportunidade, as limitações impostas ao exercício dos direitos individuais e as sanções aplicáveis no caso do descumprimento. (MELLO, 2012)

Já o da autoexecutoriedade, destaca que a administração pública detém poder legal de dar cumprimento aos seus atos emanados pelo poder de polícia sem a intervenção de outro poder, como o judiciário. (MAZZA, 2018)

Maria Sylvia Zanella Di Pietro destaca que a única exceção no tocando a autoexecutoriedade dos atos emanados pelo poder polícia da administração pública é a cobrança de multa quando for contestadas pelo particular, uma vez que não é necessária a autorização do poder judiciário para sua prática, mas sendo possível seu controle posterior. (PIETRO, 2020)

Ainda, a autora divide o referido atributo em dois princípios norteadores do referido poder; o princípio da exigibilidade e o da executividade. O primeiro se refere na possibilidade da administração tomar decisões sem a prévia intervenção do poder judiciário, valendo-se de meios indiretos de coação, como é o caso das multas de trânsito. Já o segundo, consiste na discricionariedade da administração de realizar a direta e imediata execução forçada de determinada decisão. (PIETRO, 2020)

Em relação à coercibilidade, o autor referenciado admite que este atributo garante à Administração a imposição dos atos administrativos independentemente da concordância de seus administrados, consagrando o princípio constitucional da supremacia do interesse público perante o privado. (2020)

Por fim, o poder de polícia é uma atividade restritiva do setor privado, limitando a liberdade e propriedade de seus administrados, tendo natureza discricionária, em regra, para imposição dos limites neles estabelecidos, sendo essas limitações não sendo passíveis a indenizações, uma vez que atinge a todos e é de caráter geral. (MAZZA, 2018)

Também, há uma grande discussão sobre a possibilidade de delegação do poder de polícia, assunto esse que foi alvo de Recurso extraordinário em repercussão geral pelo Supremo Tribunal Federal, em 2020. Neste sentido, a jurisprudência:

> RECURSO EXTRAORDINÁRIO. REPERCUSSÃO GERAL. TEMA 532. DIREITO CONSTITUCIONAL E ADMINISTRATIVO. PRELIMINARES DE VIOLAÇÃO DO DIREITO À PRESTAÇÃO JURISDICIONAL ADEQUADA E DE USURPAÇÃO DA COMPETÊNCIA DO SUPREMO TRIBUNAL FEDERAL AFASTADAS. PODER DE POLÍCIA. TEORIA DO CICLO DE POLÍCIA. **DELEGAÇÃO A PESSOA JURÍDICA DE DIREITO PRIVADO INTEGRANTE DA ADMINISTRAÇÃO PÚBLICA INDIRETA. SOCIEDADE DE ECONOMIA MISTA. PRESTADORA DE SERVIÇO PÚBLICO DE ATUAÇÃO PRÓPRIA DO ESTADO. CAPITAL MAJORITARIAMENTE PÚBLICO. REGIME NÃO CONCORRENCIAL.** CONSTITUCIONALIDADE. NECESSIDADE DE LEI FORMAL ESPECÍFICA PARA DELEGAÇÃO. CONTROLE DE ABUSOS E DESVIOS POR MEIO DO DEVIDO PROCESSO. CONTROLE JUDICIAL DO EXERCÍCIO IRREGULAR. INDELEGABILIDADE DE COMPETÊNCIA LEGISLATIVA. (Recurso Extraordinário de Repercussão Geral N° 633782, Tribunal Pleno STJ, Relator: Luiz Fux, julgado em 26/10/2020) (STF – RE: 633782 MG. Relator: Luiz Fux. Dat de julgamento: 26/10/2020. Tribunal Pleno. Data de publicação: 25/1/2020) (grifo meu)

Dessa forma, o poder de polícia se constitui de poder essencial para a manifestação da vontade pública entre seus desejos e interesses frente aos desejos e interesses da sociedade privada.

Assim, posto isso, cabe diferenciar os institutos da polícia administrativa e da polícia judiciária, no qual é de fundamental importância sua delimitação para que o abuso de autoridade seja praticado.

3.3 DA POLÍCIA ADMINISTRATIVA E DA POLÍCIA JUDICIÁRIA

Um conceito muito confundido é a diferenciação do poder de polícia exercido pela administração do poder de polícia exercido pelos órgãos de defesa elencados no artigo 144 da Constituição Federal. Para isso, inicialmente, extrai-se o entendimento já firmado por grande parte da doutrina e que foi refletido pelo Supremo Tribunal Federal, conforme abaixo:

> A noção estrita de poder de polícia conferiu as bases para a definição do que, atualmente, se entende por polícia administrativa. Vale dizer, ainda, que função de polícia administrativa, em sua acepção estrita, não se confunde com a da polícia judiciária, atividade que, embora administrativa, relaciona-se com a preparação para atuação da jurisdição penal e é executada por órgãos de segurança pública, elencados no artigo 144 da Constituição da República. (Recurso Extraordinário de Repercussão Geral N° 633782, Tribunal Pleno STJ, Relator: Luiz Fux, julgado em 26/10/2020) (STF – RE: 633782 MG. Relator: Luiz Fux. Dat de

> julgamento: 26/10/2020. Tribunal Pleno. Data de publicação: 25/1/2020)

Em consonância com a jurisprudência, cabe destacar a posição de Maria Sylvia Zanella Di Pietro no qual a mesma defende que as atividades realizadas pela polícia são sempre administrativas, ainda, argumenta que a polícia administrativa se divide entre diversos órgãos da administração, como órgãos de fiscalização da saúde, educação, trabalho e entre outros.

Em relação a área da segurança pública, a autora destaca que:

> A linha de diferenciação está na ocorrência ou não de ilícito penal. Com efeito, quando atua na área do ilícito puramente administrativo (preventiva ou repressivamente), a polícia é administrativa. Quando o ilícito penal é praticado, é a polícia judiciária que age." E complementa: "A primeira se rege pelo Direito Administrativo, incidindo sobre bens, direitos ou atividades; a segunda, pelo direito processual penal, incidindo sobre pessoas."

Ainda, além da conceituação já estabelecida, José Cretella Júnior estabelece o poder de polícia mista, pois cabe a polícia brasileira as atividades preventivas e repressiva, tendo seu significado como um "conjunto de poderes coercitivos exercidos pelo Estado sobre as atividades dos administrados, através de medidas impostas a essas atividades, a fim de assegurar a ordem pública" (1985)

Além dos dois conceitos de policiais já apresentados, Rodrigo Foureaux defende uma terceira classificação, que é a polícia de segurança no qual, segundo o autor, seriam os órgãos responsáveis pela segurança público, aquele elencados no rol do artigo 144 da Constituição Federal, bem como outros que atuam de forma direta na segurança, seja ela da segurança sanitária ou da segurança da sociedade em geral.

Assim, fica evidente a diferenciação entre esses dois institutos de tamanha importância dentro de nossa sociedade, sendo de fundamental compreensão para que possamos limitar o abuso de autoridade em relação a seus agentes que atuam na área de segurança propriamente dita.

4 DO CONCEITO DE ABUSO DE AUTORIDADE

Para definir o que é abuso de autoridade, a lei traz em seu primeiro artigo as disposições gerais aplicadas à Lei 13.869, que darão base na definição de tais condutas, os quais serão alvo de análise nos parágrafos seguintes.

> Art. 1º Esta Lei define os crimes de abuso de autoridade, cometidos por agente público, servidor ou não, que, no exercício de suas funções ou a pretexto de exercê-las, abuse do poder que lhe tenha sido atribuído.
> § 1º As condutas descritas nesta Lei constituem crime de abuso de autoridade quando praticadas pelo agente com a finalidade específica de prejudicar outrem ou beneficiar a si mesmo ou a terceiro, ou, ainda, por mero capricho ou satisfação pessoal.
> § 2º A divergência na interpretação de lei ou na avaliação de fatos e provas não configura abuso de autoridade. (BRASIL, 2019)

No primeiro artigo, a lei define que serão considerados crime de abuso de autoridade aqueles que são "agente público, servidor ou não, que, no exercício de suas funções ou a pretexto de exercê-las ". Ainda, conceito este semelhante ao conceito de funcionário público do artigo 327 do código penal[6].

O parágrafo primeiro da lei de abuso de autoridade, delimita a conduta tipica da lei ao estabelecer como requisito da tipificação a prática "com a finalidade específica de prejudicar outrem ou beneficiar a si mesmo ou a terceiro, ou, ainda, por mero capricho ou satisfação pessoal" (SAMER, 2019)

Trata-se de norma não incriminadora explicativa, introduzindo os artigos subsequentes. Deixando claro no §1° que somente será considerado abuso de autoridade quando tiver a finalidade específica de prejudicar outrem ou beneficiar a si mesmo, ou a terceiro, ou, ainda, por mero capricho ou satisfação pessoal." Dessa forma, tratam-se de crimes próprios no qual se comunicam aos coautores que anteriormente tinham ciência do cargo. (SAMER, 2019)

Ainda, o mesmo é fundamental para que não sejam punidos agentes que cometam erros ou ajam de boa-fé e que acabam prejudicando outrem. Tal segurança jurídica, também pode por dificultar a identificação do abuso de autoridade, uma vez que a intenção tange o aspecto subjetivo do direito, o que para provar a especificidade da

---

[6] Art. 327 - Considera-se funcionário público, para os efeitos penais, quem, embora transitoriamente ou sem remuneração, exerce cargo, emprego ou função pública.

§ 1º - Equipara-se a funcionário público quem exerce cargo, emprego ou função em entidade paraestatal, e quem trabalha para empresa prestadora de serviço contratada ou conveniada para a execução de atividade típica da Administração Pública

conduta inequívoca de prejudicar, possui complexidade jurídica para se materializar. (PINHEIRO, 2020)

Na mesma linha, Fonseca esclarece que "aquele que usa a autoridade com excesso de poder ou direito, ou ainda o mau uso, ou a má aplicação dele. É através do abuso que surge uma utilização desvirtuada da esfera jurídica". (2003)

É de suma importância determinar o conceito de autoridade, do latim auctoritas, significa algo como poder/comando, ensinamento muito bem trazido por de Plácido e Silva: (2013)

> É um termo derivado do latim auctoritas (poder, comando, direito, jurisdição), é largamente aplicado na terminologia jurídica, como o poder de comando de uma pessoa, o poder de jurisdição ou o direito que se assegura a outrem para praticar determinados atos relativos a pessoas, coisas ou atos. Desse modo, por vezes, a palavra designa a própria pessoa que tem em suas mãos a soma desses poderes ou exerce uma função pública, enquanto, noutros casos, assinala o poder que é conferido a uma pessoa para que possa praticar certos atos, sejam de ordem pública, sejam de ordem privada.

Em termos atuais, o Estado é a autoridade máxima no qual o mesmo fornece parte desse poder total para determinados agentes, com o intuito de agirem em nome do Estado, os quais são chamados de autoridades.

Poderia surgir dúvida sobre o que seria autoridade, uma vez que nem todo funcionário público possui a prerrogativa de exercer cargos de autoridade.

Posto isso, o artigo 2° da referida lei disciplina um amplo conceito sobre quem é autoridade[7]. Em suma, pode-se afirmar que a lei abrangeu todos os funcionários que possuam qualquer tipo de vínculo estatal, seja ele remunerado ou não, temporário ou permanente, investido por concurso de provas e títulos ou comissionado. (SAMER, 2019)

Conforme esclarece Andrade os agentes públicos são todas as pessoas que, de forma definitiva ou transitória, remuneradas ou não, servem ao Poder Público como instrumentos de sua vontade. (2005)

Dessa forma, o sujeito ativo do crime pode ser tanto o Presidente da República como um policial, uma

---

[7] Art. 2º É sujeito ativo do crime de abuso de autoridade qualquer agente público, servidor ou não, da administração direta, indireta ou fundacional de qualquer dos Poderes da União, dos Estados, do Distrito Federal, dos Municípios e de Território, compreendendo, mas não se limitando a:
I - servidores públicos e militares ou pessoas a eles equiparadas;
II - membros do Poder Legislativo;
III - membros do Poder Executivo;
IV - membros do Poder Judiciário;
V - membros do Ministério Público;
VI - membros dos tribunais ou conselhos de contas.
Parágrafo único. Reputa-se agente público, para os efeitos desta Lei, todo aquele que exerce, ainda que transitoriamente ou sem remuneração, por eleição, nomeação, designação, contratação ou qualquer outra forma de investidura ou vínculo, mandato, cargo, emprego ou função em órgão ou entidade abrangidos pelo **caput** deste artigo.

vez que o rol de funcionário público não é taxativo e sim exemplificativo. (PINHEIRO, 2020)

Em relação à prática do crime de abuso de autoridade, as funções do cargo ocupado não possuem relevância para fins penais, uma vez que, mesmo se o ofício do agente não abranja determinada conduta, ainda assim ele representa o Estado, sendo portanto, uma autoridade.

Cabe invocar o julgado do STF com relevância temática para o tema

> Abuso de autoridade. quando ocorre. invocação a autoridade de promotor de justiça.comete o delito o agente que, mesmo não estando no exercício da função, age invocando a autoridade do cargo, com exibição da carteira funcional. negado provimento ao recurso (AgRg No Ag 5.749/Sp, Rei. Min. José Cândido De Carvalho Filho, Sexta Turma, Julgado Em 04.12.1990, Dj 17.12.1990 P. 15391)

Quanto às diferenças legislativas, no que tange ao sujeito ativo, a lei anterior não abrange condutas praticadas fora do ofício, o que foi atualizado com a expressão "ou a pretexto de exercê-las". Entretanto, a jurisprudência já havia decidido que mesmo não estando explícito, ainda abarcaria condutas foras do ofício, conforme se extrai do entendimento do STJ abaixo:

> Trata-se de *habeas corpus* em que o paciente afirma ser incompetente a Justiça Federal para processar o feito em que é acusado pelo crime de abuso de autoridade. Na espécie, após se identificar como delegado de Polícia Federal, ele teria exigido os prontuários de atendimento médico, os quais foram negados pela chefe plantonista do hospital, vindo, então, a agredi-la. A Turma, por maioria, entendeu que, no caso, não compete à Justiça Federal o processo e julgamento do referido crime, pois interpretou restritivamente o art. 109, IV, da CF/1988. A simples condição funcional de agente não implica que o crime por ele praticado tenha índole federal, se não forem comprometidos bens, serviços ou interesses da União e de suas autarquias públicas. Precedente citado (HC 102.049-ES, Relator: Ministro Nilson Naves, julgado em 13/4/2010. Diário da Justiça 27/5/1991.)

Assim, nota-se que mesmo fora de seu ofício, o simples fato de possuir a condição de agente público é capaz de caracterizar o abuso de autoridade, como também atrair a competência específica para o agente público.

Para isso, é de fundamental importância que se analise o dolo do agente, para que se possa então tipificar corretamente a legislação a ser utilizada, seja o código penal ou a nova lei de abuso de autoridade, por conta disso, faz-se necessária o estudo mais detalhado do dolo, que será exposto a seguir.

4.1 DO DOLO

Além da conceituação do conceito de autoridade, analisando seus sujeitos ativos, o coração da nova lei está no parágrafo primeiro do artigo um, uma vez que o legislador passou a concretizar o dolo necessário para que se tipifique o crime de abuso de autoridade. Antes da análise do dolo próprio exposto na lei, cabe fazer ponderações sobre o que seria o dolo e suas espécies.

Patricia Laurenzo Copello esclarece a origem do dolo que, em suas palavras:

> (...) o dolo, como pressuposto do delito, aparece pela primeira vez no Direito romano, onde foi concebido com perfis muito nítidos e definidos, identificando-o com a intenção ou, melhor ainda, com a "má intenção" ou malícia na realização do fato ilícito. Desde modo, fica superada a primitiva concepção do ilícito penal como mera causação objetiva de resultados, exigindo-se a "intenção imoral dirigida a um fim antijurídico" – o "dolus malus" – como fundamento para a aplicação da pena pública. (2019)

Assim, o dolo é um elemento essencial para medir o grau de culpabilidade de determinado sujeito ativo, como também para dosar a pena aplica, conforme o §2° do artigo 29 do Código Penal que estabelece o princípio da culpabilidade estabelece que quem concorre para o crime, incide nas penas a ele cominada na medida de sua culpabilidade.

Ainda, se alguém escolher participar de crime menos grave será aplicada a pena deste na "medida de sua culpabilidade", assim, conforme Patricia Laurenzo Copello, o dolo é a união entre a vontade e a consciência de se realizar o tipo penal incriminador

Ainda, o Código Penal define o que seria crime doloso, conforme inciso I do artigo 18, como também a de que todo crime é doloso, somente podendo-se punir um fato típico pelo meio culposo se estiver expressamente previsto no tipo.

Nas palavras de Rogério Greco, Dolo é a manifestação de vontade que algo aconteça com a consciência, dirigidas a realizar condutas previstas no tipo penal. (2018)

Sobre a vontade, Patricia Laurenzo Copello também afirma que desejo não se confunde com vontade, conforme preleciona:

> O primeiro não passaria de uma atitude emotiva carente de toda eficácia na configuração do mundo exterior. A vontade, ao contrário, constituiria o motor de uma atividade humana capaz de dominar os cursos causais. Daí que só esta última possa erigir-se em um dado relevante na imputação subjetiva de resultados.

Na mesma esteira, Pacelli e Callegari, defendem que o mesmo é formado por um elemento intelectual e volitivo.

Sobre o elemento intelectual, Pacelli e Callegari destacam que ela compreende o conhecimento atual de todas as circunstâncias objetivas do tipo legal, devendo o agente saber o que está fazendo, como também ter a ciência de que o fato caracteriza crime. Caracterizando, assim, o elemento intelectual como os que caracterizam objetivamente os objetivos do tipo (2019)

Já sobre o elemento volitivo, o autor defende que não se trata sobre uma vontade genérica, mas sim sobre a vontade especificamente de realizar a modalidade do tipo com o dolo de obter um resultado típico (PACELLI; CALLEGARI, 2019)

Na mesma linha, Juarez Tavares sustenta que para o elemento intelectivo três situações devem ser levadas em consideração sobre as circunstâncias do tipo, quais sejam: a) elegê-Ias em objetivo final b) tomá-las como meio para um outro objetivo c) havê-Ias pensado como circunstâncias acompanhantes to a ser realizado. Nas explicações do mesmo: "Estas três posições correspondem, assim, a graus de intensidade da consciência e devem ser tomadas em consideração na determinação da vontade delituosa"

Ainda sobre essa conceituação de dolo, Rogério Greco destaca quatro teorias sobre o dolo, os quais são a) Teoria da vontade; b) Teoria do assentimento; c) Teoria da representação; d) Teoria da probabilidade

Em rápida explicação, a teoria da vontade é o dolo direto, sendo a vontade livre e consciente de querer (GRECO, 2018).

Já a teoria do assentimento, o sujeito aceita as consequências de sua conduta com indiferença, sendo tal teoria direcionada mais ao dolo eventual, que será analisado nos próximos capítulos. (PACELLI; CALLEGARI, 2019)

Na teoria da representação, Greco defende que o dolo se manifestará toda vez que for possivelmente previsível o resultado como possível e ainda assim, a sujeito ativo decide por continuar em suas atitudes até a concretização do fato típico (GRECO, 2018).

Por fim, na teoria da probabilidade, não há distinção entre o dolo eventual e culpa consciente. (GRECO, 2018).

A teoria adotada pelo código penal, em seu artigo 18, inciso I, já citado, é dupla, sendo a teoria da vontade e do assentimento, uma vez que nesse inciso, ele prevê duas condutas, a saber: "quis o resultado ou assumiu o risco". Sendo quando ele querer o resultado a teoria da vontade e quando ele assume o risco, a do assentimento (PACELLI; CALLEGARI, 2019)

Feita as devidas considerações acerca do dolo e suas teorias, cabe agora apresentar as espécies de dolo, para, após, detalhar sobre o dolo próprio da Lei 13.869/2019.

4.2 DAS ESPÉCIES DE DOLO

De modo geral, o dolo, conforme Pacelli e Callegari se divide em direito, indireto, eventual e preterdolo. (2019) Já para Juarez, o dolo é dividido em apenas em duas categorias: o dolo direto e dolo eventual (1971) Rogério Greco, em contrapartida, divide o dolo direito em dolo de primeiro e segundo grau; e os outros tipos de dolos, em várias subespécies (2018)

Para a análise do dolo específico na nova lei de abuso de autoridade, delimitaremos a uma breve análise do dolo direto e do dolo eventual, uma vez que a modalidade culposa não é admitida na referida legislação, conforme o §1° da referida legislação[8]

O dolo direito é resultado da vontade da realização do tipo com a associação das circunstâncias típicas que concretizam a adequação penal, adequando com o objetivo final de sua ação, nas palavras de Tavares: No dolo direto o agente quer o resultado típico ou toma-o como necessário para a consecução de outros propósitos ou como conseqüência necessária de sua atividade. (1971):

No dolo eventual, diferente do dolo direito, o autor realiza uma conduta com potencial de enquadramento

---

[8] § 1º As condutas descritas nesta Lei constituem crime de abuso de autoridade quando praticadas pelo agente com a finalidade específica de prejudicar outrem ou beneficiar a si mesmo ou a terceiro, ou, ainda, por mero capricho ou satisfação pessoal.

penal, ele não quer o resultado, entretanto, admite sua produção assumindo o risco da mesma.

Ainda, sobre o dolo eventual, Juarez Cirino dos Santos complementa:

> o dolo eventual se caracteriza, no nível intelectual, por levar a sério a possível produção do resultado típico e, no nível da atitude emocional, por conformar-se com a eventual produção desse resultado – às vezes, com variação para as situações respectivas de contar com o resultado típico possível, cuja eventual produção o autor aceita; (2008)

Por fim, Damásio de Jesus explica que no dolo eventual a vontade não se dirige ao resultado, mas sim em sua conduta, em suas palavras

> Ocorre o dolo eventual quando o sujeito assume o risco de produzir o resultado, isto é, admite e aceita o risco de produzi-lo. Ele não quer o resultado, pois se assim fosse haveria dolo direto. Ele antevê o resultado e age. A vontade não se dirige ao resultado (o agente não quer o evento), mas sim à conduta, prevendo que esta pode produzir aquele. Percebe que é possível causar o resultado e, não obstante, realiza o comportamento. Entre desistir da conduta e causar o resultado, prefere que este se produza

Assim, passaremos a analisar, sem esgotar o assunto, o dolo específico previsto na referida legislação que será indispensável para sua tipificação.

4.3 DO DOLO ESPECÍFICO

O coração da nova lei está no parágrafo primeiro do artigo um, uma vez que o legislador passou a concretizar o dolo necessário para que se tipifique o crime de abuso de autoridade, sendo o dolo, ou a culpa, um elemento necessário para a caracterização do delito.

Já na nova lei de abuso de autoridade, porém, não basta ter o dolo, deve-se ter uma finalidade específica do sujeito ativo, com o intuito de prejudicar outra pessoa, ou beneficiar a si mesmo ou a terceiro, como também, caracteriza o dolo, caso a conduta seja realizada "por mero capricho pessoal"[9].

Tal expressão de "finalidade específica", afasta a possibilidade do ato ilegal de um servidor público que, possuía apenas finalidade genérica, por imprudência, negligencia ou imperícia, acabar por ser tipificado como abuso de autoridade. (PINHEIRO, 2020)

Além da finalidade específica, o autor do crime, em sua consumação deve "prejudicar outrem ou beneficiar a

---

[9] § 1º As condutas descritas nesta Lei constituem crime de abuso de autoridade quando praticadas pelo agente com a finalidade específica de prejudicar outrem ou beneficiar a si mesmo ou a terceiro, ou, ainda, por mero capricho ou satisfação pessoal.

si mesmo, ou a terceiro, ou, ainda, por mero capricho ou satisfação pessoal.", tais conceitos são essenciais para a se caracterizar o crime, sem eles, o dolo específico não estará tipificado (SOUZA, 2020)

Nas palavras de Sanches e Greco:

> Esse especial fim de agir, vale dizer, a finalidade específica de prejudicar outrem ou beneficiar a si mesmo ou a terceiro, ou, ainda, por mero capricho ou satisfação pessoal deverá ser apontado, especificamente, na peça inaugural da ação penal (seja ela proposta por meio de denúncia do Ministério Público, ou mesmo da queixa, nas ações penais de iniciativa privada subsidiária da pública). Caso não conste na inicial essa particular motivação, não poderá o réu defender-se das acusações contra ele formuladas e a denúncia ou a queixa deverão ser rejeitadas.

Reitera-se que não é qualquer ato que o servidor faça para que se configure o abuso de autoridade, devendo se restringir as condutas tipificadas como crime na lei 13.869/2019. Assim, em muitos casos fica difícil comprovar que realmente houve o dolo específico, pois se trata de elemento subjetivo o qual no mundo dos fatos sua prova tende a ser complexa e indemonstráveis, situação que cairá sobre o ônus da prova. (SOUZA, 2020)

Em um exemplo prático citado pela doutrina, consiste no funcionário que com inequívoca falta funcional, causada por desleixo ou preguiça, prejudique outrem abusando de seu poder de forma omissiva, em tal situação, o servidor poderá ser absolvido do crime de abuso de autoridade uma vez que não havia dolo específico. (PINHEIRO, 2020)

No mesmo sentido do tema, com a promulgação da lei, houve um retardamento das engrenagens do serviço público, uma vez que os servidores passaram a ter receio quanto aos seus atos, pois a lei prevê pena de multa, detenção e eventual perda do cargo e inabilitação para exercício de qualquer emprego, cargo ou função pública por um relevante período de tempo, conforme exalta Igor Pereira Pinheiro (2019):

> (...) não há dúvidas de que toda essa insegurança jurídica coloca em xeque a própria autonomia e independência do Poder Judiciário, do Ministério Público e dos órgãos de investigação em geral, cujos membros poderão sentir-se intimidados exatamente pela falta de previsibilidade objetiva do que é um comportamento típico ou não. Trata-se de uma clara afronta ao Texto Supremo, que atribui ao Poder Judiciário e ao Ministério Público independência funcional exatamente para que pudessem seus membros agir de maneira destemida contra os que se acham donos do poder político ou que detém o poder econômico.

Conforme a autora Marília Pedrosa, tal receio posto nos agentes públicos, deve-se, em grande parte, por ser uma lei recente sem muito entendimento jurisprudencial consolidado, como também por possuir muitos tipos penais abertos, de ampla interpretação, carecendo de taxatividade e exatidão nos tipos penais. (2020)

> Um grande exemplo é o art. 9º, o qual estabelece como crime a conduta de "decretar medida de privação da liberdade em manifesta desconformidade com as hipóteses legais". Destaca-se que o referido artigo, não especificando quais são essas hipóteses legais, remete a outros artigos, como o 312 do 26 CPP, que utiliza conceitos como violação da "ordem pública" como hipótese de prisão preventiva, os quais também carecem de precisão.

Por fim, o parágrafo segundo do artigo primeiro estabelece a vedação ao crime de hermenêutica[10]

Hermenêutica vem do grego e significa "interpretar/traduzir". É um ramo da filosofia que estuda a interpretação, no qual muda dependendo do ponto de vista do observador. Daí a necessidade de resguardar os agentes públicos contra uma criminalização na divergência de interpretação. Explicação dada na justificativa do projeto de lei que originou a atual lei de abuso de autoridade.

---

[10] § 2º A divergência na interpretação de lei ou na avaliação de fatos e provas não configura abuso de autoridade.

> A interpretação gramatical é apenas um dos métodos internacionalmente consagrados de hermenêutica. E nem é a melhor ou mais festejada. Ao seu lado temos, ainda, a interpretação lógica, a interpretação sistemática, a interpretação histórica, a interpretação sociológica, a interpretação teleológica e a interpretação axiológica. Ao lado da interpretação literal, temos ainda a interpretação restritiva (em geral aplicável às exceções à norma) e a interpretação extensiva.
> Se houvéssemos adotado norma penal que punisse qualquer outra interpretação da lei que não a literal, a declaração incidental da inconstitucionalidade da lei, modalidade de controle difuso, por exemplo, estaria vedada. Voltaríamos aos tempos em que juízes eram condenados por abuso de autoridade por recusarem-se a aplicar uma lei ofensiva à Constituição, com a desvantagem de não termos mais Rui Barbosa para defendê-los, como fizera outrora.

Como exemplo dado por Gabriela Marques e Ivan Marques, não há abuso de autoridade pela análise dos fatos se o policial invadir uma residência em situação de aparente flagrância uma vez que pelas situações fáticas o agente acreditou que haveria crime sendo praticado ao interior da residência. (2019)

Entretanto, Sanches e Greco defendem que interpretações absurdas poderão ser tipificadas como abuso de autoridade, como se esclarece a seguir:

> Ponderamos, porém, que divergências de interpretação ou avaliação, quando patentemente teratológicas, absolutamente anormais, absurdas, assombrosas, não poderão socorrer a autoridade. Vamos imaginar um diretor de penitenciária, interpretando o princípio constitucional da isonomia, entende que nada justifica, no século atual, homens e mulheres cumprirem penas em estabelecimentos distintos, colocando ambos os sexos na mesma cela. Essa sua interpretação ao artigo 5 da CF é monstruosa. Se ficar demonstrada a finalidade específica de prejudicar outrem ou beneficiar a si mesmo ou a terceiro, ou ainda, por mero capricho ou satisfação pessoal, responderá pelo abuso.

Essas interpretações consideradas absurdas podem ser caracterizadas como má-fé do agente, uma vez que se presume, que o servidor investido na função estatal possui capacidade e discernimento para sua atuação, uma vez que esses servidores, salvo cargos comissionados, passam por um rigoroso processo de seleção mediante concurso público, que exige o mínimo de conhecimento da legislação em vigor. (SOUZA, 2020)

Ainda, a criminalização de diferentes interpretações jurídicas, possibilitaria a censura da liberdade de expressão, uma vez que o debate acadêmico é essencial para o aprimoramento das técnicas e conteúdos jurídicos e que, sem isso, levaria a um atraso científico acadêmico.

Posto tais interpretações, a seguir será discorrido sobre as características da lei penal, os princípios que devem nortear a criação e a interpretação de uma lei para que não haja insegurança jurídica no âmbito social sobre o que é fato típico ou não.

5 DAS CARACTERÍSTICAS DA LEI PENAL

Resgatando os fundamentos da disciplina de Teoria do Direito, neste capítulo discorremos acerca de alguns princípios penais essenciais para a correta interpretação e aplicação da lei para que, ao final, concluímos o raciocínio sobre os aspectos técnicos e jurídicos sobre a nova Lei de Abuso de Autoridade.

A norma penal, que segundo Greco, é a proibição e o mandamento que regulam a sociedade, são uma espécie do gênero de norma jurídica. (2018). A lei fornece o texto no qual em seu conteúdo se encontra a norma e essa norma, no âmbito penal, não traz proibições em seus preceitos, mas tão somente consequências da ação descrita no tipo. (PACELLI; CALLEGARI, 2019)

Não bastando apenas ter a lei, há de se discutir sobre como interpretar a norma. Para isso, muitas discussões sobre a hermenêutica penal foram geradas e a que mais se destaca é a vedação de analogia "in malam partem". Preceito que fundamenta a não incriminação de condutas que não estão no tipo legal.

Alguns autores, como Binding, defendem que o enquadramento de ações de um agente no tipo penal, não significa violar a Lei, mas sim violar uma norma penal. Do contrário, Greco defende que os conceitos de Lei e norma penal, na seara de tipificação de crimes, não há diferenças. (2018)

A interpretação dos textos jurídicos, conforme Carvalho, é sustentada em dois sentidos, o estrito corresponde ao "que" que o legislador optou por produzir; e o sentido normativo, que se utiliza como base o sentido estrito para fundamentar as construções jurídicas.(2018)

Neste sentido, nas palavras do autor "Em qualquer sistema de signos o esforço de decodificação tomará por base o texto, e o desenvolvimento hermenêutico fixará, nessa instância material, todo apoio de suas construções"

Já para Kelsen, a interpretação pode ser classificada em três aspectos, o autêntico, a jurisprudencial e a doutrinária. Na fonte autêntica, o autor destaca que é aquela realizada pelo mesmo órgão ou poder que a elaborou

A jurisprudência, ao contrário, não se relaciona com o órgão pelo qual se originou, mas sim da interpretação dada pelos juízes e tribunais em seus julgamentos, ao decidir conflitos sob suas apreciações

Por fim, a interpretação doutrinária, segundo o autor, é aquela realizada pelos juristas e pela doutrina. Ainda, cabe expor o entendimento de Kelsen em relação a autenticidade da interpretação da norma norma:

> Quando o Direito é aplicado por um órgão jurídico, este necessita de fixar o sentido das normas que vai aplicar, tem de interpretar estas normas. A interpretação é, portanto, uma operação mental que acompanha o processo da aplicação do Direito

> no seu progredir de um escalão superior para um escalão inferior

Além da interpretação, cabe analisar os princípios que sustentam a base legal de uma norma penal, alguns princípios merecem destaque, dentre eles, destaca-se o princípio da Legalidade e o da Taxatividade, que serão analisados adiante.

5.1 INTERPRETAÇÃO DA LEI PENAL

É notório que cada juiz possui suas convicções íntimas nos quais nortearam suas decisões judiciais, entretanto, deve-se atentar a regras de interpretação jurídica para se ter interpretações padronizadas.

Como a lei penal apresenta lacunas, cabem as mesmas serem preenchidas subsidiariamente por outras normas ou pelas fontes mediatas do direito, quais são os costumes, os princípios e a analogia, conforme se extrai do texto legal do artigo 4° da Lei de Introdução ao Direito Brasilierio[11].

Costumes como interpretação penal são caracterizados como um conjunto de normas éticas e morais nos quais se convencionou ser o modo de vida de determinada sociedade e este modo de vivência ditará as

---

[11] Art. 4º Quando a lei for omissa, o juiz decidirá o caso de acordo com a analogia, os costumes e os princípios gerais de direito.

regras de condutas de todos os participantes daquela sociedade, pois, os costumes mudam de sociedade para sociedade, mudando, assim, a forma de interpretar a legislação com base nos costumes.

Conforme preleciona (BATISTA, 2004)

> O costume demonstra princípio ou a regra não escrita que se introduziu pelo uso, com o consentimento tácito de todas as pessoas que admitiram sua força como norma a seguir na prática de determinados atos.

Os princípios são a base de qualquer interpretação. A interpretação penal válida está sujeita a observância dos princípios gerais do direito, não sendo sustentada caso algum entendimento seja formulado sem tais princípios; dentre os vários princípios, para o qual este trabalho se propõe, destaca-se o da taxatividade e o da reserva legal.

Segundo o princípio da taxatividade, Figueiredo (2007) aduz que:

> Havendo violação da taxatividade, a norma penal deve ser tida como inconstitucional pelo julgador, dado seu confronto direto com uma garantia fundamental do indivíduo e ante sua impossibilidade prática de aplicação

Segundo Zenkner (2001). A vagueza de um tipo penal é tolerável quando o conteúdo possa ser definido posteriormente a lei penal em vigor, através de jurisprudência, da doutrina ou do senso comum

Em relação à Analogia, uma decisão do Superior Tribunal de Justiça caracterizou bem o instituto suas delimitações, conforme extraído do texto legal:

> Não cabe ao Julgador aplicar uma norma, por assemelhação, em substituição a outra validamente existente, simplesmente por entender que o legislador deveria ter regulado a situação de forma diversa da que adotou; não se pode, por analogia, criar sanção que o sistema legal não haja determinado, sob pena de violação do princípio da reserva legal.
> Ocorre que, como cediço, o emprego da analogia se dá como forma de auto-integração da norma, consistindo na aplicação, a uma hipótese não prevista em lei, de uma disposição legal relativa a um caso semelhante. Assim, em atendimento ao art. 4o. da LICC, o Magistrado decidirá de acordo com a analogia, apenas quando houver omissão no ordenamento jurídico, transferindo, por assim dizer, a solução prevista para determinado caso, a outro não regulado expressamente em lei (RESP 956876-RS. Relator: Ministro Napoleão Nunes Maia Filho, julgado em 23/08/2007. Diário da justiça 10/09/2007)

Por fim, cabe analisar brevemente os princípios de forma separada, uma vez que os mesmos norteiam a construção jurídica e penal, conforme se passará a examinar abaixo, para após, explanar a conclusão do presente trabalho.

5.2 PRINCÍPIO DA LEGALIDADE

O mais importante princípio no ordenamento jurídico penal é o princípio da legalidade, consagrado no artigo 5°, inciso XXXIX[12], da Constituição Federal e no artigo 1° do Decreto-Lei n° 2.848 de 7 de dezembro de 1940[13]Código Penal, o princípio define que crime somente será tipificado por lei, não sendo crime a atitude tipificada antes da entrada de vigor da norma, conforme está explícito na legislação. (GRECO, 2018)

Do desdobramento do referido princípio, Greco entende por 4 funções, quais sejam: a da irretroatividade da lei penal, a proibição de criar crimes por costume, a vedação do emprego da analogia para criar crimes ou agravar penas, como também da proibição de incriminar condutas vagas e indeterminadas. (GRECO,2018)

Na mesma linha, Pacelli e Callegari afirmam que a interpretação das mesmas exigem a "perfeita e completa

---

[12] XXXIX - não há crime sem lei anterior que o defina, nem pena sem prévia cominação legal;

[13] Art. 1º - Não há crime sem lei anterior que o defina. Não há pena sem prévia cominação legal.

correspondência entre o fato praticado e a descrição típica", ou seja, o tipo penal deverá se amoldar perfeitamente ao tipo dos fatos, sob pena de incorrer erro na tipificação e a consequente condenação de alguém por algum ato que não seria crime. (2019)

A irretroatividade da lei penal, veda que uma nova lei puna atitudes que antes não eram consideradas crime. Já a proibição da analogia obsta o entendimento do juízo que a conduta de alguém se amoldaria em outro tipo penal, que não o analisado, pois este seria vago e impreciso. (PACELLI; CALLEGARI, 2019)

Da mesma forma, os costumes não podem ser fonte de criação de lei, pois, como entende Rogério Greco, a moral não é sedimentada em um terreno plano, havendo variações do que se entende por certo e errado, tal fato não comporta o ordenamento jurídico, uma vez que a segurança jurídica é essencial na manutenção de sociedades.(2018)

Ainda, decorre do princípio da legalidade a vedação de criar condutas vagas e imprecisas, pois, dessa forma não se pode tipificar exatamente um fato, deixando muito ao critério subjetivo do julgado por entender o que a lei pretendeu tipificar ou não, causando dúvida sobre o que é proibido. Com isso, há o desdobramento do princípio da taxatividade penal, que será analisado a seguir.

5.3 PRINCÍPIO DA TAXATIVIDADE PENAL

O princípio da taxatividade é dirigido principalmente, mas não só, ao legislador do texto legal, uma vez que tal princípio exige certeza na tipificação da conduta, afastando qualquer dúvida em relação ao que se está criminalizando. (PACELLI; CALLEGARI, 2019)

A lei com lacunas, vaga e incompleta, é terreno propício para abusos de interpretação que causaram efeito contrário do objetivo da lei de proibir algumas condutas, na verdade, poderá distorcer o objetivo principal da legislação. (PACELLI; CALLEGARI, 2019)

Conforme preleciona Pacelli e Callegari:

> A legalidade material ou técnica se concretiza no que se conhece como princípio da taxatividade, que obriga ao legislador a empregar uma técnica de criação normativa presidida pela claridade e precisão de linguagem, que evite termos ambíguos, confusos e pouco claros

Ruchester Marreiros exemplifica o princípio da taxatividade com parágrafo único do artigo 9°, no qual determina que "incorrerá na mesma pena a autoridade judiciária que deixar de dentro de prazo razoável(...)". Pelo referido princípio, tal técnica legislativa é equivocada, pois não mantém correlação com a devida redação com base na taxatividade. (2019)

Ainda, Paulo de Souza Queiroz expõe que houve veto presidencial no referido dispositivo, no qual mencionava o seguinte:

> A propositura legislativa, ao dispor que se constitui crime "decretar medida de privação da liberdade em manifesta desconformidade com as hipóteses legais", gera insegurança jurídica por se tratar de tipo penal aberto e que comportam interpretação, o que poderia comprometer a independência do magistrado ao proferir a decisão pelo receio de criminalização da sua conduta.

Assinala-se então que a atividade interpretativa não pode ser punida, pois o ato de interpretar é indissolúvel das decisões judiciais, ferindo a autonomia judicial caso isso fosse imposto. Por fim, é imperativo afirmar que a taxatividade penal deve ser obedecida para que haja equilíbrio social entre o que é crime ou não, não deixando a mercê interpretativa dos magistrados.

6 DOS AXIOMAS DE LUIGI FERRAJOLI

Luigi Ferrajoli é um dos mais influentes pensadores do garantismo penal, um modelo jurídico que busca proteger os direitos fundamentais, limitando o poder punitivo do Estado através de um conjunto rigoroso de normas e princípios. Em sua obra "Direito e Razão: Teoria do Garantismo Penal", Ferrajoli desenvolve uma teoria abrangente que articula princípios essenciais para a construção de um sistema de justiça penal que respeite os direitos humanos e a dignidade individual.

O garantismo penal, segundo Ferrajoli, é uma resposta ao abuso de poder e à arbitrariedade do Estado, que historicamente têm levado a excessos na aplicação da lei penal. Ao estabelecer um conjunto de axiomas, ou princípios, Ferrajoli oferece uma base teórica para um sistema de justiça que protege os indivíduos de punições injustas e excessivas, garantindo que o direito penal seja aplicado de forma justa e proporcional. (FERRAJOLI, 2002)

A Lei de Abuso de Autoridade, criada para punir abusos cometidos por agentes públicos, reflete a preocupação com a proteção dos direitos dos cidadãos contra excessos do poder estatal. No entanto, essa legislação também enfrenta críticas, especialmente no que diz respeito à sua conformidade com os princípios da especificidade e da taxatividade, essenciais para evitar a arbitrariedade judicial e garantir a aplicação justa das normas.

Seu ensino de axiomas, reforçou a importância dos princípios gerais do direito penal, tanto na elaboração de leis como em sua aplicação. Ferrajoli enfatiza que os axiomas desempenham um papel fundamental na construção do direito penal, diferenciando-se dos princípios. Enquanto os princípios servem como diretrizes orientadoras, os axiomas são pontos de partida indispensáveis, condições necessárias que prescrevem o que deve ocorrer no âmbito jurídico.

No modelo de garantismo penal, os Axiomas A1, A2, A3, A4, A5 e A6 dizem respeito às garantias penais, enquanto os Axiomas A7, A8, A9 e A10 tratam das garantias processuais. Dentro dessas categorias, os três primeiros axiomas abordam "quando e como punir", os axiomas quarto, quinto e sexto tratam de "quando e como proibir", e os axiomas do sétimo ao décimo se referem a "quando e como julgar".

6.1 OS AXIOMAS

Trataremos adiante dos axiomas trazidos por Ferrajoli, trazendo também os princípios atuais reguladores do direito penal, tecendo considerações sob a ótica do ilustre doutrinador italiano sobre os princípios.

A1 Nulla poena sine crimine

Princípio da retributividade ou da consequencialidade da pena em relação ao delito, esse axioma estabelece que não pode haver imposição de pena sem a existência de um crime. Em outras palavras, a aplicação de uma punição só é legítima se estiver ligada a um ato que tenha sido tipificado como crime pela lei.

Isso assegura que o poder punitivo do Estado seja exercido de maneira justa e somente quando houver uma infração legal clara e definida. Por exemplo, o Código Penal brasileiro em seu artigo 1º reflete esse princípio ao afirmar que "não há crime sem lei anterior que o defina, nem pena sem prévia cominação legal."

A2 Nullum crimen sine lege

Princípio da legalidade, no sentido estrito. O princípio da legalidade estabelece que não pode haver crime sem uma lei anterior que o defina como tal. Esta regra é uma proteção essencial contra a arbitrariedade, garantindo que ninguém seja acusado ou condenado por ações que não estavam previamente previstas como crimes. Assim, a segurança jurídica é reforçada, pois todos sabem antecipadamente quais comportamentos são proibidos.

A3 Nulla lex (poenalis) sine necessitate

Princípio da necessidade ou da economia do direito penal. O princípio da necessidade sugere que a criação de uma lei penal deve ocorrer somente quando há uma real necessidade para isso. Essa abordagem evita a proliferação de normas punitivas desnecessárias, garantindo que o direito penal seja aplicado de forma econômica e apenas quando outras áreas do direito não oferecem uma solução adequada. A criminalização deve ser uma medida de última instância, utilizada apenas quando indispensável.

A4 Nulla necessitas sine injuria

O princípio da lesividade estabelece que uma conduta só pode ser considerada criminosa se causar uma lesão ou ofensa a um bem jurídico protegido. Isso significa que atos que não provocam dano a outrem ou ao bem comum não devem ser punidos penalmente. A lesividade é fundamental para garantir que o direito penal intervenha apenas em situações que representem um perigo real para a sociedade.

A5 Nulla injuria sine actione

Princípio da materialidade ou da exterioridade da ação. Segundo o princípio da materialidade, não pode haver lesão sem uma ação concreta. O direito penal deve focar apenas nas condutas que se manifestam externamente e podem ser observadas e comprovadas. Pensamentos ou intenções que não se traduzem em atos materiais são excluídos do âmbito penal, respeitando a liberdade individual e a privacidade.

A6 Nulla actio sine culpa

Princípio da culpabilidade ou da responsabilidade pessoal. O princípio da culpabilidade afirma que não pode haver ação penal sem a comprovação da culpa do agente. A responsabilidade penal deve ser individualizada, e a pena só pode ser aplicada se for demonstrado que o acusado agiu com dolo (intenção) ou culpa (negligência, imprudência ou imperícia). Esse princípio garante que as punições sejam justas e proporcionais ao grau de responsabilidade do indivíduo.

A7 Nulla culpa sine judicio

Princípio da jurisdicionalidade, no sentido estrito. O princípio da jurisdicionalidade afirma que a culpa só pode ser determinada por meio de um processo judicial regular. Esse processo garante um julgamento justo e protege os indivíduos contra punições arbitrárias, assegurando que qualquer acusação seja minuciosamente examinada por um tribunal competente antes da imposição de sanções.

A8 Nullum judicium sine accusatione

Princípio acusatório ou da separação entre juiz e acusação. O princípio acusatório exige que não haja julgamento sem uma acusação formal. No sistema acusatório, o processo penal deve ser iniciado por uma acusação específica, feita por um órgão distinto do juiz. Isso garante imparcialidade no julgamento, separando claramente as funções de acusar e julgar.

A9 Nulla accusatio sine probatione

Princípio do ônus da prova ou da verificação. De acordo com o princípio do ônus da prova, não pode haver acusação sem evidências. No processo penal, é responsabilidade do acusador apresentar as provas que sustentam a acusação. Este princípio protege o acusado, garantindo que ele só seja condenado se houver provas suficientes que demonstrem sua culpa além de qualquer dúvida razoável.

A10 Nulla probatio sine defensione

Princípio do contraditório ou da defesa. No processo penal, o acusado tem o direito de contestar as provas apresentadas contra ele, apresentar sua própria defesa e ser ouvido em igualdade de condições. Esse princípio é crucial para assegurar um julgamento justo e equilibrado, permitindo que todas as partes se manifestem.

7 A LEI DE ABUSO DE AUTORIDADE E OS AXIOMAS

Vários artigos da Lei de Abuso de Autoridade têm sido particularmente contestados por sua ambiguidade. Por exemplo:

> Art. 9º: "Decretar medida de privação da liberdade em manifesta desconformidade com as hipóteses legais." O termo "manifesta desconformidade" é subjetivo e deixa espaço para interpretações variadas sobre o que constitui uma desconformidade manifesta. Esta imprecisão pode levar a decisões inconsistentes e dificultar a aplicação uniforme da lei.
>
> Art. 13º: "Constranger o preso ou o detento, mediante violência, grave ameaça ou redução de sua capacidade de resistência, a: I - exibir-se ou ter seu corpo ou parte dele exibido à curiosidade pública; II - submeter-se a situação vexatória ou a constrangimento não autorizado em lei." A expressão "situação vexatória ou constrangimento não autorizado em lei" é ampla e indeterminada, permitindo que o conceito de vexatório ou constrangedor varie conforme a percepção individual, o que pode gerar interpretações divergentes e injustas.
>
> Art. 27º: "Requisitar instauração ou instaurar procedimento investigatório de infração penal ou

> administrativa em desfavor de alguém, à falta de qualquer indício da prática de crime, ilícito funcional ou de infração administrativa." O termo "falta de qualquer indício" é ambíguo, deixando margem para interpretações subjetivas sobre o que constitui a ausência de indícios suficientes, e consequentemente, pode levar a abusos na requisição de investigações.

A crítica central à Lei de Abuso de Autoridade se fundamenta na vaguidade dos termos utilizados e na amplitude interpretativa que tais termos permitem. Expressões como "manifesta desconformidade" e "situação vexatória", que aparecem ao longo do texto legal, são notavelmente imprecisas, o que vai de encontro ao princípio da especificidade defendido por importantes teóricos, como Luigi Ferrajoli.

Ferrajoli, em sua obra sobre garantismo penal, sustenta que a legislação deve ser formulada com exatidão para evitar interpretações arbitrárias e garantir a previsibilidade jurídica, condição indispensável para a proteção dos direitos fundamentais no âmbito do direito penal.

Essa imprecisão terminológica, além de gerar insegurança jurídica, abre espaço para que as condutas descritas na lei sejam interpretadas de forma excessivamente ampla, o que compromete o princípio da taxatividade. Esse princípio, basilar no direito penal, exige que as condutas criminosas sejam tipificadas de maneira clara e precisa, de modo a evitar que decisões judiciais sejam pautadas em interpretações subjetivas.

Como argumenta Greco (2024), a falta de delimitação específica das condutas proibidas gera um vácuo legal que permite aos juízes moldarem suas decisões com base em critérios pessoais, o que, inevitavelmente, conduz a decisões desiguais para situações semelhantes.

Esse cenário cria um ambiente de imprevisibilidade no sistema judicial, no qual a ausência de uniformidade na aplicação da lei prejudica a imparcialidade e a justiça das decisões penais. Para os agentes públicos, por exemplo, essa imprevisibilidade pode representar uma limitação no exercício de suas funções legítimas, uma vez que o temor de serem processados por abuso de autoridade acaba por inibir a tomada de decisões necessárias e legais.

Assim, a lei, ao invés de servir como uma ferramenta de controle para coibir abusos, pode acabar gerando um efeito contrário, desestimulando a atuação legítima de agentes de segurança e outros servidores públicos.

A análise da Lei de Abuso de Autoridade à luz dos axiomas garantistas revela, portanto, falhas substanciais em sua estrutura normativa. Ao não observar os princípios da especificidade e da taxatividade de forma rigorosa, a legislação compromete a segurança jurídica e a previsibilidade, dois elementos cruciais para um sistema penal que se pretenda garantista e justo.

O garantismo penal, como bem argumenta Ferrajoli, não se resume apenas à proteção do indivíduo contra o arbítrio estatal, mas também à garantia de que as normas penais sejam aplicadas de maneira uniforme e previsível, assegurando o devido processo legal em todas as esferas.

Diante dessa realidade, torna-se urgente que o legislador brasileiro revise os dispositivos da Lei de Abuso de Autoridade que estão sendo objeto de críticas. É imprescindível que se promova uma readequação das normas, de modo a garantir maior clareza e precisão em seus termos, eliminando as ambiguidades que atualmente permeiam o texto legal.

Esse refinamento não só reduziria as possibilidades de interpretações arbitrárias, mas também reforçaria o respeito aos princípios fundamentais do direito penal, especialmente o da legalidade e da taxatividade.

Além disso, a observância dos princípios garantistas — como legalidade, tipicidade, culpabilidade, proporcionalidade, contraditório e presunção de inocência — é essencial para que se previnam abusos no exercício do poder punitivo.

Somente mediante a aplicação rigorosa desses princípios será possível construir um sistema penal que seja ao mesmo tempo eficaz no combate aos abusos de poder e justo na proteção dos direitos fundamentais dos cidadãos. O garantismo penal, ao fornecer diretrizes claras para a limitação do poder punitivo do Estado, estabelece as bases para um direito penal que respeita os direitos humanos e promove a justiça.

Em suma, embora a Lei de Abuso de Autoridade tenha sido criada com o nobre intuito de coibir excessos e abusos por parte de agentes públicos, sua eficácia está comprometida pela ambiguidade de suas disposições. Revisar e refinar essa legislação é uma necessidade premente para que se possa alcançar maior clareza e precisão em suas normas, assegurando que o texto legal esteja em conformidade com os princípios garantistas.

Somente dessa maneira será possível promover a justiça, reforçar o respeito aos direitos humanos e consolidar um sistema penal verdadeiramente justo e equitativo no Brasil. A aplicação criteriosa dos princípios da legalidade e da taxatividade, aliados à observância do garantismo penal, não apenas beneficiará os cidadãos, como também fortalecerá a credibilidade das instituições jurídicas e a confiança pública no sistema de justiça.

CONSIDERAÇÕES FINAIS

A comparação entre a legislação anterior e a atual revela uma clara evolução da técnica legislativa ao longo dos anos.

No entanto, a Lei nº 13.869/2019, conhecida como a nova Lei de Abuso de Autoridade, evidencia uma série de lacunas significativas que, sob uma análise mais aprofundada, comprometem alguns dos pilares essenciais do direito penal, especialmente quando confrontadas com os axiomas fundamentais dessa disciplina jurídica.

Essa legislação tem sido amplamente criticada, tanto pelo seu contexto histórico de surgimento, frequentemente associado a uma resposta política às investigações que envolviam figuras de alta relevância no cenário político e jurídico brasileiro, quanto pela sua técnica legislativa, que é vista por muitos como deficiente.

Esse duplo questionamento — envolvendo tanto o momento de criação quanto a forma em que foi redigida — levanta dúvidas sobre a real intenção por trás da elaboração da lei, e gera discussões sobre se ela foi concebida para garantir a proteção dos cidadãos contra abusos ou para inibir a ação de agentes públicos que atuam no combate à corrupção.

As críticas mais severas recaem sobre a violação de dois princípios fundamentais do direito penal: o da taxatividade e o da legalidade. O princípio da taxatividade exige que os tipos penais sejam descritos de forma clara e objetiva, para que não haja dúvidas sobre o que é ou não permitido dentro do ordenamento jurídico.

No entanto, a nova Lei de Abuso de Autoridade, em vários de seus artigos, apresenta termos vagos e indeterminados, gerando insegurança jurídica ao deixar margem para interpretações amplas e subjetivas por parte dos operadores do direito.

A falta de definições precisas, como é o caso de expressões nebulosas como "manifesta desconformidade" e "situação vexatória", compromete o princípio da especificidade, que exige clareza na definição de condutas criminais, conforme defendido pelos axiomas garantistas de Luigi Ferrajoli.

Ademais, o princípio da legalidade, consagrado pelo axioma nullum crimen sine lege, segundo o qual não pode haver crime sem uma lei prévia que o defina de maneira precisa, é igualmente violado pela ausência de parâmetros objetivos na nova lei.

A possibilidade de interpretações amplas e, por vezes, contraditórias, não só prejudica a aplicação uniforme da norma, mas também aumenta o risco de arbitrariedades judiciais, contrariando a segurança jurídica que o sistema penal deve garantir.

Por outro lado, há quem defenda que, apesar dessas lacunas, a nova lei cumpre um papel importante ao criminalizar condutas abusivas praticadas por agentes públicos. Segundo esses doutrinadores, a legislação reflete uma necessidade legítima de controlar os excessos de poder e garantir maior transparência e responsabilidade no exercício da autoridade estatal.

Esse grupo argumenta que, mesmo diante de certas imprecisões, a lei visa proteger os cidadãos de abusos que historicamente têm ocorrido em diversos âmbitos da administração pública, principalmente em relação às forças de segurança.

O entendimento do Superior Tribunal de Justiça (STJ) sobre a aplicação da lei também merece destaque. O STJ, em várias de suas decisões, tem reafirmado que cabe ao legislador, e não ao juiz, preencher as lacunas deixadas pela norma.

Esse posicionamento é de extrema relevância, pois reforça a necessidade de que a legislação penal seja clara e completa, evitando que o Judiciário tenha de interpretar de maneira criativa ou subjetiva dispositivos legais que deveriam ser autoexplicativos.

Apesar dessas críticas e das dificuldades encontradas na prática judicial, os tribunais têm continuado a aplicar a Lei de Abuso de Autoridade, muitas vezes de forma desigual, devido às ambiguidades presentes no texto legal.

Isso gera uma aplicação errática da norma, em que as decisões judiciais podem variar substancialmente de caso para caso, dependendo da interpretação individual do magistrado, o que compromete a previsibilidade e a equidade que se espera do sistema penal.

Portanto, mesmo diante das evidentes falhas legislativas e das críticas quanto à sua constitucionalidade, a Lei nº 13.869/2019 segue em vigor e sendo aplicada pelos tribunais brasileiros. No entanto, é imprescindível que o legislador se debruce sobre os pontos críticos levantados pela doutrina e pela jurisprudência, promovendo uma revisão que aperfeiçoe os dispositivos legais em questão.

A introdução de maior clareza e precisão nos termos empregados pela lei não só beneficiará a aplicação justa e equitativa das normas, mas também garantirá maior segurança jurídica e respeito aos direitos fundamentais dos cidadãos.

Por fim, ao alinhar a legislação com os princípios garantistas e os axiomas do direito penal, estar-se-á promovendo um avanço significativo no sistema de justiça brasileiro.

Isso não apenas reforçará a proteção dos direitos individuais contra abusos de poder, como também contribuirá para a construção de um sistema penal mais justo, transparente e eficiente, fortalecendo a confiança pública nas instituições e consolidando o Estado de Direito.

REFERÊNCIAS

ACQUAVIVA, Marcus Cláudio. **Dano e ação indenizatória**. São Paulo: Jurídica Brasileira.

AGI, Samer. **Comentários à Nova Lei de Abuso de Autoridade (Lei nº 13.869/2019)**. Brasília: CP Iuris, 2019. p. 15.

ALEXANDRINO, Marcelo; PAULO, Vicente. **Direito Administrativo.** 13ª Ed. Niteroi: Impetus, 2007.

ALVARENGA, Maria Amália de Figueiredo Pereira. **O quantum da indenização do dano moral.** Revista Jurídica da Universidade de Franca, a. 2, n. 2, p. 123, jul. 1999.

A NOVA LEI DE ABUSO DE AUTORIDADE E SUA (IN)COMPATIBILIDADE CONSTITUCIONAL. Brasília: Ratio Juris, v. 3, n. 1, 01 jun. 2020. Disponível em: https://www.fdsm.edu.br/revistagraduacao/index.php/revistagraduacao/article/viewFile/97/131. Acesso em: 06 fev. 2022.

BACH, Marion. **LEIS PENAIS EM BRANCO E PRINCÍPIO DA LEGALIDADE PENAL:** análise à luz da sociedade contemporânea. 2012. 190 f. Dissertação (Mestrado) - Curso de Direito, Universidade Federal do Paraná, Curitiba, 2012. Disponível em:

https://acervodigital.ufpr.br/bitstream/handle/1884/27509/R%20-%20D%20-%20BACH%2C%20MARION.pdf?sequence=1&isAllowed=y. Acesso em: 10 fev. 2022.

BARBOSA, Ruchester Marreiros. **A nova Lei de Abuso de Autoridade e a inconstitucionalidade que não é para tanto.** 2019. Consultorio Juridico. Disponível em: https://www.conjur.com.br/2019-out-01/academia-policia-abuso-autoridadeinconstitucionalidade-nao-tanto. Acesso em: 15 de fevereiro de 2022.

BATISTA, João Carlos Machado. **FONTES FORMAIS DO DIREITO PENAL BRASILEIRO LEIS, COSTUMES, EQÜIDADE, PRINCÍPIOS E ANALOGIA**. Universidade Católica de Salvador, Salvador, v. 1, n. 7, p. 1-6, jan. 2004. Disponível em: http://ri.ucsal.br:8080/jspui/bitstream/prefix/1772/1/fontes%20formais%20do%20direito%20penal%20brasileiro.pdf. Acesso em: 10 fev. 2022.

BINENBOJM, Gustavo. **PODER DE POLÍCIA, ORDENAÇÃO, REGULAÇÃO:** transformações político-jurídicas, econômicas e institucionais do direito administrativo ordenador. Belo Horizonte: Fórum, 2016. Disponível em: https://forumturbo.org/direito-administrativo/livros-2/#post-6198. Acesso em: 05 mar. 2022.

BRANDÃO, Cláudio. **Tipicidade e Interpretação no Direito Penal.** Sequência, Florianópolis, v. 1, n. 68, p. 59-89, jun. 2014. Disponível em: https://www.scielo.br/j/seq/a/VS5S3vBC36nj4jnvVzRpG5q/?lang=pt&format=pdf. Acesso em: 10 fev. 2022.

BRASIL. DECRETO nº 847, **Promulga o Código Penal.** Brasília, 11 out. 1890. Disponível em: http://www.planalto.gov.br/ccivil_03/decreto/1851-1899/D847.htmimpressao.htm. Acesso em: 28 jan. 2022.

BRASIL. LEI DE 16 DE DEZEMBRO DE 1830, nº , **Manda executar o Código Criminal.** Brasília, 16 dez. 1830. Disponível em: http://www.planalto.gov.br/ccivil_03/leis/lim/lim-16-12-1830.htm. Acesso em: 28 jan. 2022.

BRASIL. **Lei nº 13.869/2019, de 05 de setembro de 2019**. . Brasília. Disponível em: http://www.planalto.gov.br/ccivil_03/_ato2019-2022/2019/lei/L13869.htm. Acesso em: 04 fev. 2022.

BRASIL. **Pacto nº II, de 13 de abril de 2009**. Brasília. Disponível em: http://www.planalto.gov.br/ccivil_03/outros/iipacto.htm. Acesso em: 03 fev. 2022.

BRASIL. Projeto de Lei nº 7596/2017, de 14 de agosto de 2019. Brasília. Disponível em: https://www.camara.leg.br/propostas-legislativas/2136580. Acesso em: 04 fev. 2022.

BRASIL. Supremo Tribunal Federal. Recurso Extraordinário. Repercussão Geral. **Tema 532.** Direito Constitucional e Administrativo. Preliminares de Violação do Direito À Prestação Jurisdicional Adequada e de Usurpação da Competência do Supremo Tribunal Federal Afastadas. Poder de Polícia. Teoria do Ciclo de Polícia. Delegação A Pessoa Jurídica de Direito Privado Integrante da Administração Pública Indireta. Sociedade de Economia Mista. Prestadora de Serviço Público de Atuação Própria do Estado. Capital Majoritariamente Público. Regime Não Concorrencial. Constitucionalidade. Necessidade de Lei Formal Específica Para Delegação. Controle de Abusos e Desvios Por Meio do Devido Processo. Controle Judicial do Exercício Irregular. Indelegabilidade de Competência Legislativa. nº 633782, Mg. APELANTE: MINISTÉRIO PÚBLICO DO ESTADO DE MINAS GERAIS. APELADO: EMPRESA DE TRANSPORTES E TRÂNSITO DE BELO HORIZONTE S/A - BHTRANS. Relator: Ministro Luiz Fux. Brasília, DF, 26 de outubro de 2020. Recurso Extraordinário 633782. Brasília, DF.

BRASIL. **Veto nº 31/2019, de 2022.** Brasília. Disponível em: https://www.congressonacional.leg.br/materias/vetos/-/veto/detalhe/12525. Acesso em: 04 fev. 2022.

COMISSÃO INTRAMERICANA DE DIREITOS HUMANOS. CONVENÇÃO AMERICANA SOBRE DIREITOS HUMANOS. San José, Costa Rica, 22 nov. 1969. Disponível em:

https://www.cidh.oas.org/basicos/portugues/c.convencao_americana.htm. Acesso em: 28 jan. 2022.

COSTA, Leonardo Luiz de Figueiredo. **Limites Constitucionais de Direito Penal.** Rio de Janeiro: Lumen Juris, 2007, p. 68.

CRETELLA JÚNIOR, José. **Polícia e poder de polícia**. Brasília: Revista de Direito Administrativo, 1985. Disponível em: https://bibliotecadigital.fgv.br/ojs/index.php/rda/article/view/44771. Acesso em: 9 mar. 2022.

DE PLACIDO E SILVA. Vocabulário jurídico, Rio de Janeiro: Forense, 30ª ed., 2013.
DIAS, Maria Berenice. **O dever de fidelidade.** Revista AJURIS, n. 85, t. 1, p. 477-479, mar. 2002.

EUROPA. Constituição (1985). **Declaração dos Princípios Básicos de Justiça Relativos às Vítimas da Criminalidade e de Abuso de Poder.** Disponível em: http://www.dhnet.org.br/direitos/sip/onu/fpena/pbasic2.htm. Acesso em: 28 jan. 2022.

FERRAJOLI, Luigi. DIREITO E RAZÃO: teoria do garantismo penal. 3. ed. São Paulo: Revista dos Tribunais, 2002. Disponível em: https://deusgarcia.wordpress.com/wp-content/uploads/2017/03/luigi-ferrajoli-direito-e-razao-teoria-do-garantismo-penal.pdf. Acesso em: 25 ago. 2024.

Fabrício Leiria apud por Rogério Greco. **Curso de Direito Penal** – Parte Geral, p.95. 20° edição. 2018.
GONÇALVES, Victor Eduardo Rios; BALTAZAR JUNIOR, José Paulo. Legislação Penal Especial: Esquematizado. 5ª ed. São Paulo: Saraiva Educação, 2019.

GRECO, Rogério. **TIPO DOLOSO**. In: GRECO, Rogério. Curso de Direito Penal: parte geral. 20ª ed. Niterói: Impetus, 2018. Cap. 25. p. 289-301.

GUIMARÃES, Leandro Rocha. **A Lei n° 13.869/2019 e os seus impactos na atuação dos agentes públicos.** Jusbrasil. 2021. Disponível em: https://leandro-rocha.jusbrasil.com.br/artigos/1168715539/a-lei-13-869-2019-e-os-seus-impactos-na-atuacao-dos-agentes-publicos. Acesso em: 05 fev. 2022.

JÚNIOR, José Cretella. **O Abuso de Autoridade à Luz da Nova Lei (Lei 13.869/2019)**. JusBrasil, 2019. Disponível em: https://www.conjur.com.br/2019-dez-25/jose-cretella-junior-abuso-autoridade-luz-nova-lei. Acesso em: 25 de fevereiro de 2022.

LAFER, Celso. **Direitos humanos: as opções brasileiras**. São Paulo: Edusp, 1995.
MENDES, Gilmar Ferreira; BRANCO, Paulo Gustavo Gonet. Curso de Direito Constitucional. 13ª Ed. São Paulo: Saraiva, 2018.

MIRABETE, Julio Fabrini. **Manual de Direito Penal.** Vol. I. 30ª ed. São Paulo: Atlas, 2017.
MOREIRA, Magalhães. **Direito Penal**. São Paulo: Saraiva, 2009. p. 123.

MORAES, Alexandre de. **Direito Constitucional.** 33ª ed. São Paulo: Atlas, 2017.

OLIVEIRA, Eugenio Pacelli. **Curso de Processo Penal.** 16ª ed. São Paulo: Atlas, 2018.

PAULO, Vicente; ALEXANDRINO, Marcelo. **Direito Administrativo.** 32ª Ed. Niteroi: Impetus, 2020.

REIS, Leonardo Rosa. **A Nova Lei de Abuso de Autoridade**. JusBrasil. 2021. Disponível em: https://leonardorosa.jusbrasil.com.br/artigos/884882010/a-nova-lei-de-abuso-de-autoridade-e-as-licoes-do-passado. Acesso em: 05 fev. 2022.

SILVA, De Plácido e. **Vocabulário Jurídico**. 37ª ed. Rio de Janeiro: Forense, 2019.

SOUZA, Antonio. **A nova Lei de Abuso de Autoridade.** JusBrasil. 2022. Disponível em: https://antoniosouza.jusbrasil.com.br/artigos/916520290/a-nova-lei-de-abuso-de-autoridade-e-sua-impactacao-no-ambito-das-relacoes-sociais. Acesso em: 04 fev. 2022.

TAVARES, Marcelo C. **Manual de Direito Penal**: parte geral. 3ª ed. Rio de Janeiro: Lumen Juris, 2017.

TRIBUNAL SUPERIOR DE JUSTIÇA. **REsp 1809730** / DF - Julgado em 12/12/2018. Relator: Ministro Sebastião Reis Júnior. Brasília, DF, 2018. Disponível em: https://stj.jusbrasil.com.br/jurisprudencia/694759982/recurso-especial-resp-1809730-df-2018-0200756-0. Acesso em: 04 fev. 2022.

VENOSA, Silvio de Salvo. **Direito Civil.** Vol. IV. 20ª ed. São Paulo: Atlas, 2019.

www.ingramcontent.com/pod-product-compliance
Ingram Content Group UK Ltd.
Pitfield, Milton Keynes, MK11 3LW, UK
UKHW021939190726
13853UKWH00004B/1541

9 786583 134288